Der **perfekte** Rosenführer

Amanda Beales

Der **perfekte** Rosenführer

EDITION XXL

Erstveröffentlichung in Großbritannien 2006
unter dem Titel „Roses – a comprehensive guide
to cultivation and care"
by Hamlyn Octopus,
part of Octopus Publishing Group Ltd,
2–4 Heron Quays, Docklands,
London E14 4JP

Genehmigte Lizenzausgabe
EDITION XXL GmbH
Fränkisch-Crumbach 2006
www.edition-xxl.de

Übersetzung: Elisabeth und Alfred Liebl

ISBN (13) 978-3-89736-255-0
ISBN (10) 3-89736-255-4

Inhalt

Einführung

Rosen sind ein ganz wesentlicher Teil meines Lebens, nicht nur bei meiner Arbeit, sondern auch im Alltag. Wann ich den Rosen „verfallen" bin, lässt sich eigentlich nicht so recht sagen. Ich vermute, es hat mit der Leidenschaft zu tun, die mein Vater, der Rosenzüchter Peter Beales, dieser Königin des Blumenbeetes stets entgegenbrachte. Man erzählt mir immer, ich sei als Baby in meiner Wiege gelegen, vom Hund bewacht, während meine Eltern sich der Pflege ihres damals noch jungen Zuchtbetriebs widmeten, der später weltberühmt werden sollte.

Natürlich spielten Rosen auch in einigen Schlüsselszenen meines Lebens eine entscheidende Rolle. Als ich im Alter von zwei Monaten getauft wurde, umkränzte der Pfarrer das Taufbecken mit Blüten von „Zéphirine Drouhin", einer bekannten, stachellosen Bourbonrose, weil im Spätherbst einfach nichts anderes mehr blühte. Nun, damals mag ich noch „stachellos" gewesen sein, doch später, als mein Vater zu meiner Hochzeit im Spätherbst dieselbe Rose aus Australien einfliegen ließ, konnte man das wohl kaum noch behaupten. Aus „Zéphirine Drouhin" wurde mein Hochzeitsstrauß gebunden, und ich weiß noch, dass er einfach himmlisch duftete. Vermutlich waren die Blüten auch ganz lecker. Jedenfalls lassen dies die Fotos von dem Pferd, das unsere Hochzeitskutsche zog, vermuten. Es tat sich an den Blumen nämlich mit gesundem Appetit gütlich. Als wir unsere Tochter taufen ließen, setzten wir die Tradition mit dem geschmückten Taufbecken natürlich fort.

Rosen gibt es für jeden Geschmack und für jede nur denkbare Situation. Einige wachsen niedrig, die anderen erklettern mit ihren Trieben die höchsten Bäume. Manche blühen sehr lange, andere nur kurz. Viele zeigen im Herbst schöne Hagebutten oder eine ungewöhnliche Blattfärbung. Immer auch gibt es Rosen, die gerade in Mode sind, und andere, die der Zeitgeist vergessen hat. Ich habe versucht, Ihnen in diesem Buch einen Überblick über die abertausende von Rosensorten zu geben und jene vorzustellen, die in Farbe und Wuchsform, in Blühdauer und Duftintensität so facettenreich wie möglich auftreten, damit Sie als Leser aus der ungeheuren Vielfalt des Rosenspektrums die richtigen Rosen für Ihren Garten oder Ihren Balkon auswählen können. Vorher aber möchte ich Sie in die Welt der Rose einführen, um Sie über alles zu informieren, was Sie wissen müssen, wenn Sie erfolgreich Rosen kultivieren wollen.

Ich schwelge gerne in der Blütenfülle und im Duft der Rosen. Der noch völlig jungfräuliche Garten unseres neuen Hauses wird bald aus allen Nähten platzen, denn ich beabsichtige, so viele verschiedene Rosen wie nur möglich zu pflanzen. Dort dürfen sie sich dann in die Äste der Bäume hangeln, aus Ampeln herabblitzen und in Töpfen gemütlich Platz nehmen. Ich weiß schon, wie ich es machen möchte: Blütenfarben und Düfte sollen sich vermischen mit Blattschönheiten und prallen Hagebutten. Ich bin sicher, dass meine neuen Gartengefährtinnen mir stets etwas Neues beibringen werden, und freue mich auf die Zeit, die vor mir liegt.

Da ich die Kultur der Rosen von der Pieke auf kennen gelernt habe, weiß ich, dass einer der Höhepunkte für den Rosengärtner der Austausch mit anderen ist. Daher habe ich in diesem Buch versucht, aus der Erfahrung zu schöpfen, um möglichst allen Rosenliebhabern etwas zu bieten, sowohl jenen, die nur ein wenig Information zur Auswahl der richtigen Sorte brauchen, als auch den anderen, die – wie ich in diesem Augenblick – einen völlig neuen Garten gestalten dürfen.

Ich persönlich gebe mich der Hoffnung hin, dass meine Rosenleidenschaft auf Sie abfärbt, wenn Sie beim Lesen des Buches Mark Winwoods fantastische Fotos betrachten. Denn diese Leidenschaft hat Suchtcharakter. Sie erfüllt unser Herz und verlässt uns nie mehr.

Amanda Beales

RECHTS: Amanda hegt eine innige Liebe zu Rosen und hat viele neue Sorten auf den Markt gebracht.

Rosen im Garten

Zahlreiche Bücher widmen sich der Anlage eines Rosengartens oder dem Einsatz von Rosen in etablierten Gärten, in Rosen- oder Staudenbeeten. Ich möchte Ihnen hier einige der wichtigsten Erkenntnisse vorstellen, möchte Sie aber auch dazu anregen, über das bereits Bekannte hinauszudenken. Vielleicht gibt es auch in Ihrem Garten Stellen, bei denen Sie nie im Leben an eine Rose gedacht hätten – und doch macht sich die eine oder andere Sorte gerade dort am allerbesten.

Kletter- und Ramblerrosen

Kletter- und Ramblerrosen lassen sich auf vielfältige Weise im Garten einsetzen. Es müssen ja nicht immer nur Wände sein. Auch Säulen und Pyramiden stellen einen idealen Standort für unsere höhenverliebten Freunde dar.

An Säulen mit einer Höhe von circa 2,5 m können Sie auch im kleinen Garten Kletterrosen ziehen, da die Säule nur wenig Grundfläche einnimmt. Das Klettergerüst sollte aus verrottungssicherem Material bestehen. Von dieser Ein-

Ein Strukturelement wird durch eine Bepflanzung mit Rosen noch hervorgehoben.

Natürlich können Sie auch nur auf einer Seite des Bogens Rosen pflanzen, doch wenn Sie Ihrem Bogengang ein etwas gleichmäßigeres Aussehen verschaffen möchten, sollten Sie an beiden Seiten Rosen setzen.

schränkung einmal abgesehen haben Sie völlig freie Wahl. Sie können wie im Bauerngarten einfach Stäbe kreisförmig in die Erde stecken, aber die Stablösung gibt es natürlich auch in eleganterer Form: Verwenden Sie Balken von circa 10 x 10 cm Grundfläche, denen Sie ein formales Schlussstück aufsetzen, das man in gut sortierten Gartencentern erhält. Am Ende streichen Sie die Rankhilfe in einer Farbe, die Ihnen gefällt. Keine Angst vor Experimenten. Die verschiedenen Rosenfarbtöne erlauben die ungewöhnlichsten Farblösungen, was die Strukturelemente des Gartens angeht. Natürlich sind auch schmiedeeiserne Stäbe und Pfosten schön, doch sie sind meist sehr teuer. Die Formen aus verzinktem Stahl sind meist ebenso schön und weit kostengünstiger.

Wenn Sie eine Rose um eine Säule ziehen wollen, sei es nun eine Kletter- oder eine Ramblerrose, sollten Sie die Zweige waagrecht um das Gerüst binden, statt sie nur in der Vertikalen hochzubinden. Die Blütentriebe entstehen in den Blattachseln. Je waagrechter der Trieb verläuft, umso mehr Seitentriebe bringt er hervor.

Ein Obelisk kann mehrere Seitenflächen aufweisen. Gemeinsam ist allen Formen, dass sie am Ende in einer Spitze auslaufen. Wie die Ranksäulen sind sie in den unterschiedlichsten Materialien und Stilformen erhältlich. Einfache, rustikale Obelisken entstehen, wenn man Äste aneinander legt, die man gerade aus der Hecke entfernt hat. Diese Provisorien aber sind natürlich nicht dazu gedacht, große Lasten zu tragen. Lange, dicke Stäbe oder Pfosten sind da wesentlich geeigneter. Am besten ist es, die Rose zuerst zu pflanzen und dann das Gerüst rundherum aufzubauen. Halten Sie einen Abstand von mindestens 60 cm ein. Dann führen Sie die gut im Boden verankerten Stäbe an der Spitze zusammen, wo Sie sie mit Bindebast oder -band zusammenbinden. Eine Kletter- bzw. Ramblerrose ziehen Sie dann auf die Außenseite, um die Zweige nach und nach daran festzubinden. Eine Strauchrose hingegen verbleibt innerhalb des Gerüstes. Ihre Zweige werden so festgebunden, dass nur die Blüten an der Außenseite erscheinen. Natürlich erfordert dies ganz besondere Sorgfalt.

Sehr schön sind natürlich Rosenbögen in jeder Form. Im Garten erfüllen sie die Funktion eines Durchgangs. Wenn Sie die Möglichkeit haben, mithilfe von Kletterrosen einen eigenen Laubengang zu schaffen, sollten Sie diese wunderbare Möglichkeit, „durchsichtige Wände" zu pflanzen, unbedingt nutzen. Dazu gibt es verschiedene Möglichkeiten: Sie können in regelmäßigem Abstand auf jeder Seite des Laubengangs Säulen setzen und dann zwischen den einzelnen Säulen Seile spannen. Ziehen Sie dann Ramblerrosen mit ihren weichen Trieben an den Seilen entlang, erhalten Sie bald wunderschöne Blütengirlanden. Natürlich lässt sich das Seil auch durch Rankgitter ersetzen, die zwischen den Säulen befestigt werden. Eine Etage verbindet die Säulenenden, eine andere das „Stockwerk" darunter, damit die Rosen effektiv nach oben geleitet werden können. So erhalten Sie auch schöne Fenster in Ihrer

Ein Laubengang bzw. eine Pergola umrahmt mit ihrer schönen Bepflanzung das Beet dahinter.

„Rosenwand", mithilfe derer Sie den Ausblick der Lustwandelnden lenken können. Statt der Säulen können Sie auch mehrere Rosenbögen in eine Reihe pflanzen. Damit lassen Sie Ihren Besuchern die Wahl, an welcher Stelle sie den Laubengang wieder verlassen möchten. Dichter wird der Gang, wenn Sie die Rosenbögen mit Rankgittern verbinden, über die sich ja nicht nur Rosen ranken müssen. So können Sie wahre Blütenteppiche mit Rosen und – beispielsweise – Clematis weben.

Wenn Sie für solche Kunstwerke nicht genügend Platz haben, können Sie einzelne Bogen im Garten aufstellen. Über einem Sitzplatz zum Beispiel, wodurch Sie eine hübsche kleine Laube schaffen. Auch vor dem Eingang zum Gartenhäuschen macht sich ein Rosenbogen gut. Prädestiniert für den Rosenbogen sind natürlich alle Eingänge, Durchgänge und Tore. Wenn Sie einen Pfad auf den Bogen zulaufen lassen, schaffen Sie damit eine neue Perspektive für den Betrachter. Sie lenken den Blick auf das Tor hin und dann darüber hinaus zu einem Fluchtpunkt jenseits des Tores. Dort können Sie eine Statue platzieren oder eine besonders schöne Solitärpflanze. Ist der Garten recht klein, können Sie den Bogen an eine Wand stellen und in der Mitte einen Spiegel befestigen. So schaffen Sie die Illusion, der Garten ginge dahinter noch weiter – im eigenen Spiegelbild –, und kreieren einen neuen, wenn auch imaginären Raum.

Eine Pergola besteht aus mehreren Bogenstrukturen in einer Reihe, die mit Rosen oder anderen Kletterpflanzen geschmückt sind. Solche Strukturen eignen sich letztlich nur für den größeren Garten. Eine Pergola muss stark genug sein, um den Blütensegen mehrerer Pflanzen zu tragen, denn auch Rosenblüten können recht schwer werden, wenn sie sich mit Regenwasser oder Tau voll saugen. Daher sollte sie immer aus stabilem Material bestehen. Schön ist es auch, wenn Sie eine Pergola so bepflanzen, dass an zwei einander gegenüberstehenden Säulen immer nur Rosen einer Sorte gepflanzt sind, die sich aber von Bogen zu Bogen bzw. von Säule zu Säule abwechseln. So schaffen Sie an Ihrer Pergola bzw. am Laubengang regelrechte Farbbänder. Aber natürlich können Sie auch weniger systematisch vorgehen und alles pflanzen, was farblich zusammenpasst. Dabei haben Sie die Wahl zwischen zwei Möglichkeiten: Entweder Sie pflanzen Sorten, die alle zur selben Zeit blühen, dann dürfen Sie sich zur Blütezeit an einem wahren Blütenrausch erfreuen. Oder Sie wählen Sorten, deren Blütezeit weit auseinander liegt, dann haben Sie lange Zeit Freude an Ihrer Pergola. Wie auch immer: Der kühle, schattige Platz unter den Kletterern jedenfalls steht Ihnen immer offen.

Bedenken Sie beim Anlegen eines Laubenganges, dass mindestens zwei Personen nebeneinander Platz haben sollten, sonst wird Ihr Prachtstück eine sehr einsame Angelegenheit. Außerdem sollte der Gang eine lichte Höhe von mindestens 2,5 m haben, damit Sie nicht den Kopf einziehen müssen, wenn einige Blüten herabhängen sollten.

Hier wurde ein alter Baumstumpf zum „Rosentopf" umfunktioniert. Richtig vorbereitet gibt er ein natürlich wirkendes Pflanzgefäß ab, in dem so manche Rose sich voll entfalten kann.

Ramblerrosen in den Zweigen eines Baumes schenken diesem eine zweite Blütezeit.

Rosen in Pflanzgefäßen

Rosen müssen nicht unbedingt in der Erde stehen. Warum es also nicht mit der Kultur in Pflanzgefäßen versuchen, die im Garten zahlreiche Möglichkeiten bietet, an die Sie vielleicht noch gar nicht gedacht haben? Die Gefäßkultur bietet zwei ganz entscheidende Vorteile. Zum einen können Sie getrost Experimente im Hinblick auf Farbe oder Form wagen, zum anderen werden Ihre Rosen so „tragbar", das heißt, Sie können sie jederzeit an eine andere Stelle setzen – wie es Ihnen gerade gefällt.

Beachten sollten Sie dabei nur Folgendes: Ein Pflanzgefäß für Rosen muss ausreichend groß sein, wobei die Höhe wichtiger ist als die Breite, denn Rosen sind Tiefwurzler. Sie müssen Ihren Schönheiten also ein Pflanzgefäß von mindestens 40 cm Höhe zur Verfügung stellen. Natürlich finden Sie in jedem Gartencenter eine große Auswahl passender Töpfe, doch es gibt auch interessantere Alternativen. Eine ausgediente Schubkarre kann zum Beispiel sehr schön bepflanzt werden. Ist sie ausreichend groß, kann sie zwei bis drei Beet- oder Patiorosen Platz bieten. Zum besseren Schutz der Schubkarre schlagen Sie diese am besten innen mit Pflanzfolie aus. Achten Sie jedoch auf den Wasserabzug: Versehen Sie den Boden der Schubkarre mit mehreren Löchern und bedecken Sie ihn mit einer Drainageschicht aus Kies oder Tonkugeln für die Hydrokultur. Erst dann füllen Sie die Erde ein. Sind die gepflanzten Rosen dann nicht mehr so schön, können Sie die Schubkarre einfach an einen Ort im Garten rollen, wo sie nicht mehr so ins Auge fällt. Alte Blecheimer oder gar Badewannen können so als Pflanzgefäße recycelt werden.

Schlichte Plastik-Blumentöpfe lassen sich mühelos verschönern. Ist das Pflanzgefäß entsprechend groß, können Sie es seitlich mit Löchern versehen, in die Sie dann Bodendecker oder Moos pflanzen. Natürlich können Sie das Gefäß auch bemalen. Sehr schön ist hier die Schwammtechnik, bei der Sie die Farbe mit einem Schwamm auf das Gefäß tupfen. Wichtig ist hier, dass Sie sich vorher überzeugen, dass die von Ihnen ins Auge gefasste Farbe auf Plastik hält. Am besten wäre es allerdings, wenn Sie die Oberfläche des Topfes vorher mit Sandpapier ein wenig aufrauten. Wenn Sie den Topf für eine ganz bestimmte Rose gedacht haben, wählen

Die grautonigen Begleitpflanzen geben einen bildschönen Hintergrund für die Blütenfarbe dieser Rose ab.

Sie die Farbe passend zur Rose, sodass sie diese entweder ergänzt oder mit ihr kontrastiert.

Sogar alte Gartenschuhe lassen sich mit Miniaturrosen bepflanzen, wenn Sie diesen als Begleitpflanzen noch einen Bodendecker mitgeben. Nehmen Sie die Schnürsenkel heraus und ziehen Sie die Zunge so weit als möglich heraus, damit die Pflanzen Raum bekommen. Natürlich müssen Sie auch hier für Drainagelöcher sorgen, um keine Staunässe aufkommen zu lassen. Pflanzgefäße wie diese halten natürlich nicht ewig, doch einen Sommer lang haben Sie auf den Stufen zur Eingangstür einen echten Hingucker stehen, der Sie sicher mit Vorübergehenden ins Gespräch bringt.

Ein wenig ansehnlicher Baumstumpf im Garten ist ebenfalls eine gute Gelegenheit, etwas Besonderes aus dem grünen Wohnzimmer zu machen. Höhlen Sie den Stumpf aus. Bohren Sie einige Löcher nach außen und setzen Sie eine Rose hinein. Am besten sind hier Strauchrosen mit weichen Trieben, die hängend wachsen. Auch hier verlängern Sie das Leben des Stumpfes, wenn Sie sein Inneres mit Pflanzfolie ausschlagen. Am Ende allerdings wird der Stumpf verrotten. Dann können die Rosen ihre Wurzeln ins Erdreich schlagen.

Ein abgestorbener Baum gibt meist ein wunderbares Gerüst für Ramblerrosen ab. Prüfen Sie zuerst, ob der Baum noch fest verwurzelt ist, und machen Sie dann ein Pflanzloch etwas außerhalb des Wurzelbereiches. Ramblerrosen sind so wüchsig, dass Sie sie auch in lebende Bäume wachsen lassen können. Doch in diesem Fall müssen Sie die Rose vom Baum abschotten, denn in den ersten Jahren braucht sie viel Wasser und Nährstoffe, die ihr der Baum wegnimmt, wenn Sie sie nicht schützen. Am besten ist es, Sie kleiden das Pflanzloch der Rose aus, zum Beispiel mit einem Eimer bzw. einem Fass ohne Boden. So können Sie die Rose gezielt mit Dünger und Wasser versorgen.

Auch in Balkonkästen lassen sich Rosen gut versorgen. Die großen Kästen aus Beton bieten auch größeren Rosen ein Heim, während die kleineren höchstens mit Miniaturrosen bepflanzt werden können. Achten Sie auf hängenden Wuchs. Manche Rosen eignen sich auch als Ampelpflanze, doch sollten sie stets so hängen, dass ihre Stacheln niemanden stören.

Rosen in Staudenbeeten

Rosen lassen sich wunderbar mit anderen Pflanzen kombinieren und bringen häufig unerwartete Effekte im klassischen Staudenbeet. Man pflanzt sie hauptsächlich wegen ihrer Blüte und ihres Duftes, doch es gibt auch sehr schöne Sorten, die im Herbst attraktive Hagebutten hervorbringen oder eine besondere Laubfärbung zeigen. Andere wiederum haben ausgesprochen interessantes Laub oder auffällige Stacheln. Viele Strauchrosen sind in ihrer Wuchsform interessant, weil sie dem Staudenbeet Struktur geben.

Der Rosengarten

Auch ein Garten, der sich in erster Linie dem Thema „Rose" widmet, profitiert von Begleitpflanzen, welche die Schönheit der Rosen hervorheben.

So lassen sich reine Rosenbeete hübsch mit Stauden wie Lavendel und Katzenminze einfassen. Auch kleinere Immergrüne wie der Buchs, die sich zudem in Form schneiden lassen, geben prächtige Einfassungen ab, welche die nackten Stiele der Rosenpflanzen verdecken. Zwiebelpflanzen sollten in einem Rosenbeet nicht fehlen. Sie sind zwar während der Rosenblüte nicht mehr sichtbar, weil zu dieser Zeit das Blattwerk schon eingezogen ist, doch schenken sie dem Beet im Frühling die lang ersehnten Farbtupfer. Besonders gut machen sich im Rosenbeet Farbtöne von Lila bis Purpur, die gut zu den meisten Rosenfarben passen. Dasselbe gilt für silber- und graulaubige Pflanzen.

Ich bin nicht unbedingt Expertin für Staudenbeete, daher möchte ich Ihnen hier nur jene Pflanzen ans Herz legen, die mir im Rosenbeet besonders gut gefallen. Dazu gehören alle Salbeistauden, die sowohl in Farbe als auch in Form Kontraste zu den Rosen schaffen. Dasselbe gilt für Rittersporn und Fingerhut. Kornblumen und Iris machen sich auch sehr gut, obwohl manche Irissorten vor den Rosen blühen. Die Kornblume neigt zum Wuchern. Skabiosen, vor allem meine Lieblingssorte, die hellblau blühende „Clive Greaves", sind höchst elegante Rosenbegleiter. Penstemon, der Bartfaden, kommt in allerlei schönen Schattierungen daher, die im Rosenbeet wertvoll sind, weil die Pflanze dicht und niedrig wächst. Obwohl manche Päonien den Rosen in der Wuchsform ähneln, sehen sie neben Rosen trotzdem gut aus. Dasselbe gilt für Mohn und Storchschnabel, der verwirrenderweise den botanischen Namen „Geranium" trägt. Graulaubig sind die meisten Sorten der Eberraute oder Artemisia. Stachys, der Wollziest, bedeckt den Boden und hält ihn so unkrautfrei.

Die Rosenblüten am Bogen wirken sehr beeindruckend. Nichtsdestotrotz wird der Blick auf die Beete dahinter gelenkt.

Interessante Farbeffekte gibt eine Beipflanzung mit purpurfarbener Belaubung, die vor allem den pastelligen Farbtönen alter Rosen gut zu Gesicht steht. Eine der besten Stauden ist hier *Berberis thunbergii*, die Berberitze, in ihrer rötlichen Spielart. Buddleia, der Schmetterlingsflieder, wird zwar vergleichsweise groß, schmückt das Beet aber mit langen, purpurblauen Blütenrispen, die viele Schmetterlinge anziehen. *Buddleia davidii* ist auch in anderen Farben zu haben und gilt als empfehlenswerte Pflanze für den rückwärtigen Teil des Beetes.

Die Mahonie blüht zwar im Frühjahr, zeigt aber das ganze Jahr über höchst attraktive dunkelgrüne Blätter. Ebenso schön sind die Hebe-Sorten, die immergrünes Laub in verschiedenen Farben bieten. Clematis wie die bekannte „Jackmanii" und Wisterien lassen sich gut neben Kletter- und Ramblerrosen pflanzen, wobei die Wisteria wegen ihrer Starkwüchsigkeit zur Rose

***Rosa arvensis*, die Feldrose, ist in Europa zu Hause und bildet dort schöne, dichte Naturhecken.**

gebührenden Abstand haben sollte. Die Stauden in ähnlichen Blautönen sind zu zahlreich, um hier genannt werden zu können.

Doch sollten Sie Ihr Beet nicht nur nach Farben planen. Informieren Sie sich über die Wuchsform der Stauden und kombinieren Sie sie mit der Ihrer Rosen. Die hohen Lanzen von Fingerhut und Rittersporn stellen einen gefälligen Gegensatz zu dem locker überhängenden Wuchs vieler Strauchrosen dar, die Sie wiederum mit kugelig wachsenden Stauden unterpflanzen können, zum Beispiel mit Schleierkraut *(Gypsophila)* oder Frauenmantel *(Alchemilla)*. Auf diese Weise schenken Sie Ihren Rosen nicht nur hübsch anzusehende Begleiter, Sie halten den Boden gleichzeitig unkrautfrei. Auch Blütenfarbe und -form stellen ein wichtiges Strukturelement dar. Nur wenige Rosenblüten haben einen geringeren Durchmesser als 2,5 cm, daher passen sie gut zu Blütenschleiern, wie sie zum Beispiel die spät blühenden Myrtenastern *(Aster pringlei* und *A. ericoides)* liefern. Wenn Rosen in Rispen blühen, zeigen diese meist pyramidenähnliche Form. Die Blütenstände neigen sich gewöhnlich leicht nach unten, daher sollten sie mit ähnlichen Blütentrauben anderer Wuchsform kombiniert werden, zum Beispiel mit der Traubensilberkerze, *Cimicifuga racemosa*, oder mit den herabhängenden Wisterienblüten.

Rosen, nichts als Rosen

Wenn Sie in Ihrem Garten nur Rosen haben wollen, gibt es zwei Möglichkeiten, wie Sie bei der Planung vorgehen können. Entweder pflanzen Sie Rosen, die Ihnen das ganze Jahr über Blüten bescheren, oder Sie setzen solche Sorten, die Ihnen über kürzere Zeit einen besonders reichen Blütensegen schenken. Beide Anlagen haben ihre Vor- bzw. Nachteile. Ich persönlich will mich in meinem Garten so lange als möglich an der Pracht der Rosen erfreuen, doch wenn ich Rosengärten besuche, bin ich immer wieder hingerissen von der schieren Pracht und dem überwältigenden Duft, die ein anders angelegter Garten zur Hauptblütezeit hervorbringt. Wir alle lieben Narzissen und Rhododendren, obwohl diese nur kurze Zeit blühen. Warum also sollte das nicht auch für Rosen gelten?

Natürlich lassen sich beide Formen auch kombinieren. Die kurzlebige Pracht der sommerblühenden Rosen wird verlängert von der spärlicheren Schönheit der später blühenden Sorten. Sie können die Zeit, in der Sie sich an Ihren Rosen freuen können, natürlich noch ausdehnen, wenn Sie besonders früh bzw. spät blühenden Sorten pflanzen. Vergessen Sie nicht jene Rosen, die mit ihren Hagebutten unseren Vögeln Nahrung bieten.

Rosen im Gartendesign

Ob Sie nun einen Garten neu anlegen oder Ihrem bereits bestehenden einfach nur eine oder zwei Rosen hinzufügen wollen, Planung ist dabei unerlässlich. Versuchen Sie zunächst einmal, mithilfe von Büchern und Katalogen jene Rosen zu finden, die am besten an den vorgesehenen Standort passen. Unser Pflanzenverzeichnis sollte Ihnen dabei eine große Hilfe sein. Achten Sie dabei von Anfang an auf Alternativen. Gerade bei Rosen ist der Impulskauf nicht zu empfehlen, denn die Chancen stehen leider gut, dass Sie so eine total unpassende Rose wählen.

Ein völlig neuer Rosengarten erfordert natürlich noch viel mehr Planungsaufwand, denn wie leicht pflanzt man zu viel oder zu wenig Rosen, ein Fehler, der nur schwer wieder auszugleichen ist, wenn die Pflanzen erst einmal gesetzt sind. Grob gesagt sollten Strauchrosen in einem Abstand von 1–1,2 m gepflanzt werden, Beetrosen mit etwa 45 cm Raum dazwischen. Kletterrosen brauchen hingegen mindestens 1,8 m Platz, bevor Sie eine zweite daneben setzen können. Dies ist ein ungefährer Wert, der bei Kletterrosen (bzw. Ramblern) einen eher dichten Bewuchs ergibt.

Wenn Sie Strauchrosen mischen, achten Sie auf die Blütezeiten. Kombinieren Sie sommerblühende mit remontierenden und öfterblühenden Sorten, damit Sie im Spätsommer nicht vor einem blütenleeren Garten stehen. Lassen Sie dabei auch andere interessante Merkmale der Rose wie Hagebutten, Stachel- und Blattfärbung nicht außer Acht.

Rosenhecken und -einfassungen

Rosen sind ausgezeichnete Heckenpflanzen, weil sie dichte, stachelbewehrte Barrieren schaffen. Sie bieten Vögeln Raum zum Nisten und erweisen sich als undurchdringlich, wenn man sein Grundstück schützen möchte. Die besten Kandidaten für die Heckenpflanzen sind die Rugosa-Sorten, die starke Bestachelung und kräftiges, unempfindliches Laub zeigen. Die Kartoffel- oder Apfelrose kann sogar an Straßen stehen und blüht unweigerlich Jahr für Jahr wieder. Die meisten Sorten bringen knallrote, tomatenähnliche Hagebutten hervor: beste Nahrung für Vögel. Auch der Schnitt ist einfach: Kürzen Sie sie nach der Blüte einfach mit der Heckenschere, statt sie individuell zu beschneiden. Mit einer Reihe verschiedenfarbiger Rugosa-Hybriden schaffen Sie eine dichte, natürlich wirkende Hecke. Die größeren Floribunda-Sorten hingegen können Sie bestenfalls als Einfassung benutzen, da sie sehr viel niedriger wachsen.

Zäune werden am besten mit Kletter- oder Ramblerrosen bepflanzt, die besonders reich blühen, wenn ihre Zweige waagerecht aufgebunden werden. Sie schenken Ihnen ganze Wände voll wunderschöner Blüten. Wenn Sie auf dem Land leben, sollten Sie berücksichtigen, dass Rehe und andere Wildtiere gerne die Knospen knabbern.

Der Naturgarten

Der Naturgarten ist der ideale Hintergrund für die Pflanzung von Wildrosen. Dazu gehören Rosa canina, die Hundsrose, und Rosa arvensis, die Feldrose, die man beide in Europa auch wild wachsen sieht. Die Bibernell-Rose, *Rosa pimpinellifolia*, und die Schottische Zaunrose, Rosa eglanteria, deren Laub nach Äpfeln duftet, dürfen hier nicht fehlen. Diese Rosen ziehen Insekten magisch an, was bedeutet, dass Sie neben Bienen und Schmetterlingen auch viele Blattläuse und Raupen darauf finden werden.

Rosenauswahl und -kauf

Ob Sie nun eine einzelne Rose für einen besonderen Gartenplatz kaufen wollen oder die Bepflanzung eines vollkommen neu anzulegenden Gartens planen, ich persönlich empfehle Ihnen, zunächst einmal Ihre „Hausaufgaben" zu machen. Es gibt nämlich zahllose Rosen mit den unterschiedlichsten Eigenschaften. Zunächst einmal müssen Sie prüfen, was Ihnen persönlich am wichtigsten ist: Der Duft? Die Blütenfarbe? Oder sind es eher Wuchs und Habitus? Die meisten spezialisierten Rosenversender haben Experten, die Ihnen bei der Auswahl mit Rat und Tat zur Seite stehen. Doch selbst diese können Ihnen nicht helfen, wenn Sie sich nicht vorher Gedanken über den Standort oder Ihre Wünsche gemacht haben.

Wo soll Ihre neue Rose denn überhaupt stehen? Welche Funktionen soll sie erfüllen? Es gibt Standorte, die sich schlichtweg nicht für die Pflanzung dieser herrlichen Blume eignen. Dazu gehören schattige, kühle Plätze vor dunklen Wänden. Aber auch heiße Standorte vor allzu hellen Mauern. Am Ende dieses Buches finden

Abgepackte Rosen, die nicht vom Spezialisten kommen, sind im Allgemeinen keine gute Wahl. Diese wurde im Frühsommer in einer Gartencenter-Kette verkauft, also gut zwei Monate, nachdem sie hätte gepflanzt werden sollen. Sie war ausgetrocknet und hatte sogar schon ausgetrieben, was die Rose schwächt.

Container-Rosen können Sie den ganzen Sommer über kaufen und pflanzen.

Sie einige Tipps, wie Sie die besten Sorten für ganz bestimmte Standorte und Funktionen finden.

Mittlerweile gibt es unzählige Bücher über Rosen, welche die einzelnen Arten und Sorten mit all ihren Vor- und Nachteilen vorstellen. Sehr hilfreich sind in dieser Hinsicht auch die Kataloge der Rosenschulen, von denen Sie am Ende dieses Buches eine kleine Auswahl finden. Dort werden die Rosen ausführlich beschrieben, meist mit nützlichen Hinweisen auf den besten Standort. Die meisten Rosenschulen haben mittlerweile auch einen informativen Internet-Katalog zu bieten.

Doch natürlich ist es am besten, Sie erleben Ihre künftige Rose sozusagen „in Fleisch und Blut", denn Beschreibungen können stark variieren. Kein Mensch empfindet Farbe und Duft einer Rose exakt genauso wie ein anderer. Wo einer intensiven Duft wahrnimmt, riecht der andere gar nichts. Die Rosenvereine informieren Sie über der Öffentlichkeit zugängliche Rosengärten in Ihrer Nähe, die häufig Privatpersonen gehören. Ein schönes Rosarium ist allemal ein verlängertes Wochenende wert, und auch der Ausflug zum Rosenzüchter kann sich lohnen. Meist finden Interessierte dort nicht nur am Tag der offenen Tür Einlass. Hinweise hierzu finden

Sie am Ende des Buches. Aber natürlich können Sie sich auch beim Fremdenverkehrsamt Ihres Heimatortes informieren.

Sehr beliebt sind auch Garten-Ausstellungen und -Messen. Dort können Sie das Personal am Stand um Rat bitten. Selbst wenn Sie für den Moment nichts kaufen wollen, sollten Sie sich nicht scheuen zu fragen. Zu diesem Zweck sind die Herren und Damen ja da. Findet die Ausstellung im Frühsommer statt wie die berühmte *Chelsea Flower Show* in London, dann wurden die Rosen unter Glas vorgezogen und meist auch die Knospen entspitzt. Das bedeutet, dass die Einzelblüten größer werden und eine etwas schwächere Färbung zeigen, als die Pflanze dies im Normalfall tun würde. Fragen Sie einfach nach, ob die Rose auch im Beet so wird, wie Sie vor Ihnen steht. Achten Sie auch darauf, wie die Blumen präsentiert werden. Einige Züchter machen sich die Mühe, die Pflanzen in ihrem Gesamthabitus zu präsentieren, während andere sich damit begnügen, möglichst schöne Blüten in Sträußen und Schalen vorzustellen. In diesem Fall können Sie sich kein Bild davon machen, wie die Rose tatsächlich wächst. Lassen Sie sich also Bilder von der Wuchsform der Pflanze zeigen.

Drei Wege zum Rosenerwerb haben sich etabliert. Spezielle Rosengärtnereien verkaufen wurzelnackte Ware und versenden sie mit der Post oder mit dem Kurierdienst. Man kann jederzeit bestellen, doch im Allgemeinen gilt auch hier die Regel „je früher, desto besser“, denn nicht alle Sorten sind immer erhältlich. Da die Rosen nur ausgegraben werden können, wenn der Rosenstock sich in der Ruhephase befindet, erfolgt der Versand gewöhnlich im Spätherbst bzw. im zeitigen Frühjahr. Diese Rosen sollten zwar möglichst gleich gepflanzt werden, doch ist dies nicht unbedingt nötig. In der ungeöffneten Packung können sie ruhig ein paar Tage lang aufbewahrt werden. Ist das Erdreich dann immer noch gefroren, müssen Sie Ihre Neuerwerbungen „einschlagen“. Legen Sie sie an einem kühlen Ort in lockeres Erdreich und achten Sie darauf, dass sie keine direkte Sonnenbestrahlung abbekommen. Viele Züchter haben nichts dagegen, dass Sie Ihre Rosen an einem bestimmten, vorher vereinbarten Tag einfach abholen. Rufen Sie an, dann macht man Ihnen die Rosen einfach fertig. Wollen Sie jedoch vor Ort einkaufen, müssen Sie vorher mit dem Züchter sprechen, denn Pflanzen sind keine Mitnehm-Artikel. Sie können nicht jederzeit aus

Wenn Sie im Hochsommer eine Container-Rose pflanzen, dürfen Sie nicht vergessen, sie des Öfteren zu gießen, vor allem, wenn es sehr heiß ist.

dem Erdreich genommen werden. Bis sie versand- bzw. abholfertig sind, dauert es mitunter ein paar Tage. Außerdem kann es sein, dass eine bestimmte Sorte gar nicht mehr vorrätig ist. Namen und Adressen von Rosenzüchtern finden Sie in regionalen und überregionalen Gartenzeitschriften, wo regelmäßig Anzeigen geschaltet werden.

Im Frühjahr und manchmal sogar noch im Sommer findet man allüberall fertig abgepackte Rosen – vom Supermarkt über den Drogeriemarkt bis zum Baumarkt. Selbst wenn es schwer fällt: Diese Rosen sollten Sie einfach liegen lassen. In Plastik verpackte Rosen, denen meist noch ein wenig Torf beigegeben wird, damit es im Innern der Verpackung feucht bleibt, sind äußerst anfällig für Viruskrankheiten und Schädlinge. Meist treiben sie unter diesen Bedingungen sogar aus, was belegt, dass sie bei zu hohen Temperaturen gelagert wurden. In diesem Fall werden sie bei den ersten Nachtfrösten eingehen, wenn sie erst einmal im Garten stehen.

Wenn Sie dennoch unbedingt eine solche Rose erwerben wollen, sollten Sie das Exemplar durch die Verpackung hindurch möglichst genau prüfen. Wenn die Wurzeln trocken erscheinen und der beigefügte Torf ausgetrocknet wirkt, wenn sich junge, hellgrüne Schösslinge zeigen, legen Sie das Exemplar zurück. Diese Rose wird sich in Ihrem Garten vermutlich nicht gut entwickeln. Manchmal werden nur die Wurzeln der Rosen in Plastik verpackt. Dies ist auf jeden Fall besser als die Variante, in der die ganze Pflanze unter Plastik liegt, denn so können Sie die Pflanze selbst besser beurteilen. Achten Sie in diesem Fall vor allem auf die Triebe: Wirken sie auch nur im Geringsten runzlig, dann ist die Pflanze irgendwann einmal völlig ausgetrocknet, was ihrer Qualität auf Dauer schadet.

Die Triebe der Rose oben sind zu dünn und überkreuzen einander, was auf ungeschickten Schnitt schließen lässt. Die Triebe der Rose unten zeigen Frostschäden und vertrocknete Schnittstellen. Beide Rosen sind nicht zum Kauf zu empfehlen, wären aber vermutlich durch klugen Schnitt zu retten.

Container-Rosen kommen aus denselben Quellen wie wurzelnackte Pflanzen, wurden aber vorher in Plastiktöpfe gesetzt, damit man sie den ganzen Sommer über kaufen kann. Man findet sie sowohl bei Rosenzüchtern und Gärtnereien als auch in Gartencentern. Sie müssen nicht bestellt werden. Man kann sie einfach mitnehmen, denn der Versand über weitere Strecken gestaltet sich schwierig. Der Züchter verkauft Ihnen vermutlich lieber wurzelnackte Pflanzen als diesjährige Container-Pflanzen. Wenn Sie die Rose im Frühsommer als Container-Pflanze gekauft haben, sollten Sie sie noch etwa einen Monat lang im Topf stehen lassen, damit sich das Wurzelsystem entwickeln kann. Wenn die Pflanze umgesetzt wird, kurz nachdem sie in den Topf wanderte, hält der Wurzelballen die Erde noch nicht. Fällt sie aber ab, reißt sie die ganzen feinen Faserwurzeln mit, welche die Pflanze für ihre Ernährung so dringend braucht. Eine Container-Rose aus dem Gartencenter steht dort vermutlich schon eine Weile im Topf. Wenn Sie sie aus dem Pflanzgefäß heben können, lässt sich das Wurzelsystem leicht überprüfen. Normalerweise zeigen sich feine Wurzelstränge, welche das Erdreich zusammenhalten. Finden Sie hingegen mehrere dickere Wurzelstränge, die sich spiralig um den unteren Ballen winden, können Sie davon ausgehen, dass die Pflanze schon zu lange im Topf steht und sich nicht mehr so gut verpflanzen lässt.

Woran man eine gute Rose erkennt

Wenn Sie Rosen beim Züchter bestellen, müssen Sie sich über die Auswahl der einzelnen Pflanzen keine Gedanken machen. Die Gefahr ist gering, dass Sie auf diesem Weg ein schlechtes Exemplar erhalten, denn die Züchter wissen, dass ihr Ruf von der Qualität der gelieferten

Eine gute Rose hat ein gesundes Wurzelsystem, das aus mehreren starken Wurzeln besteht. Die Pflanze unten hat zu dünne Wurzeln.

Achten Sie darauf, dass die von Ihnen gekaufte Rose sich an der Basis gut verzweigt und kräftige Triebe zeigt.

Pflanzen abhängt. Dasselbe gilt für Rosen, die Sie beim Züchter bestellen und abholen. Auch hier erhalten Sie ein verpacktes Exemplar, auf dessen Auswahl Sie keinen Einfluss haben. Wenn Sie mit der Qualität der gelieferten Pflanzen nicht zufrieden sind, greifen Sie sofort zum Telefonhörer, um zu reklamieren. Lassen Sie sich nicht dazu verführen, die Rose trotzdem zu pflanzen und das Beste zu hoffen. Der Erfolg Ihrer Rosenpflanzung hängt ganz entscheidend davon ab, ob Sie ein gutes Exemplar in die Erde bringen. Viele Pflanzen lassen sich allerdings durch gezieltes Beschneiden retten. Und beim Züchter hat eine Reklamation ohnehin nur dann Chancen, wenn sie sofort erfolgt. Gute Züchter geben auf ihre Pflanzen Garantie und ersetzen mangelhafte Exemplare ohne jeden Einwand. Allerdings kann es vorkommen, dass Sie bis zur nächsten Saison warten müssen, bevor wieder ein Exemplar der von Ihnen gewünschten Sorte zur Verfügung steht.

Eine gute wurzelnackte Rose hat kräftige Wurzeln, die sich nach allen Seiten erstrecken, und mindestens drei gut entwickelte Triebe. Einige der selteneren Sorten wie Chinarosen und Teerosen können weniger Triebe aufweisen. Stellen Sie sich darauf ein, wenn Sie eine dieser Rosen pflanzen wollen. Die Rosen sollten feucht sein, da man sie gewöhnlich vor dem Versenden in Wasser legt. Die Triebe dürfen weder runzlig sein noch Beschädigungen aufweisen.

Die Wurzeln einer Container-Rose können normalerweise nicht überprüft werden. Sollten Sie ein Exemplar erhalten, das sich zu sehr an den Topf gewöhnt hat, was – wie bereits gesagt – an den spiralförmigen Wurzelringen an der Unterseite des Pflanzgefäßes erkennbar ist, legen Sie doch selbst Hand an und lockern Sie den Ballen ein wenig auf, sodass die Wurzeln zum Seitenwachstum angeregt werden. Wie bei der wurzelnackten Ware sollten auch Container-Rosen mindestens drei kräftige Triebe zeigen, die nirgendwo beschädigt sind. Überprüfen Sie die Rose auf Anzeichen von Krankheit und stecken Sie den Finger in die Erde, um zu testen, ob der Wurzelballen einigermaßen feucht ist. Er darf weder zu nass noch zu trocken sein. Am Ende müssen Sie nur noch prüfen, ob Ihre Rose korrekt beschriftet ist. Es gibt nichts Ärgerlicheres als eine neue Pflanze, deren Namen man vergessen hat, sodass man ihre Ansprüche und Besonderheiten in der Literatur nicht nachlesen kann.

Ein Jahr im Leben einer Rose

Sie haben also Ihre Rose ausgewählt! Was nun kommt, können Sie dem folgenden kleinen Kalender entnehmen, der Ihnen zeigt, welche Pflege Sie Ihren Neuerwerbungen, aber auch Ihren etablierten Rosen im Jahreslauf angedeihen lassen sollten. Natürlich müssen Sie den Angaben nicht sklavisch Folge leisten. Jeder Gärtner entwickelt im Laufe der Zeit seinen eigenen Stil und seine eigene Methode. Wichtig ist, dass Sie Ihre Jungpflanzen gut etablieren. „Anfang gut, alles gut!", sollte man hier wohl sagen. Was die Einzelheiten der Rosenkultivierung angeht, so erhalten Sie in den folgenden Kapiteln noch ausführlichere Informationen. Hier möchte ich Ihnen nur einen kurzen Überblick geben.

In der Wintermitte

Nun gibt es wurzelnackte Rosen zu kaufen. Wenn Sie jetzt noch nicht bestellt oder gekauft haben, sollten Sie dies nachholen. Die Rosen sind ja schon seit dem Spätherbst beim Züchter verfügbar.

Möglicherweise sind Sie für Ihren Sonderwunsch schon ein wenig zu spät dran, aber die meisten Rosen sind um diese Zeit noch erhältlich. Sie können wurzelnackte Ware immer pflanzen, solange das Erdreich offen ist. Wenn der Boden im Moment gefroren sein sollte, schlagen Sie die Rosen ein und warten, bis er aufgetaut ist.

Ansonsten ist um diese Zeit nicht viel zu tun. Hat Ihr Rosenbestand im letzten Jahr unter Rosenkrankheiten gelitten, können Sie nun ein Fungizid ausbringen. Erkundigen Sie sich in Ihrem Gartencenter oder bei Ihrem Gärtner, welches Präparat Sie am besten nehmen, und führen Sie die Behandlung genau nach Anleitung durch.

Achten Sie darauf, die Rose auch von unten entsprechend einzusprühen, und bringen Sie das Mittel auch auf dem Boden bzw. auf den Stützstäben bzw. auf dem Klettergerüst aus. Pilzsporen überwintern nämlich gerne im Boden oder auf abgefallenen Blättern, aus denen sie im Folgejahr erneut auf die Pflanze übergehen.

Spätwinter

Da Rosen mitunter bereits im Frühjahr austreiben, sollten Sie alle Winterarbeiten spätestens Ende Februar, Anfang März durchführen. Dies ist die beste Zeit für den Rosenschnitt, denn nun sind die schlimmsten Fröste vorüber. Wenn Sie eine Rose versetzen wollen, ist dies ein idealer Zeitpunkt. Warten Sie damit bis zum Frühjahr, hat der Boden sich schon aufgewärmt, was bedeutet, dass das Wurzelwachstum einsetzt. Beim Versetzen werden also die sich neu bildenden Faserwurzeln zerstört.

Überprüfen Sie die Blätter Ihrer künftigen Rose auf mögliche Blattkrankheiten bzw. Schädlinge. Achten Sie besonders auf die Blattunterseite.

Topfrosen, die länger als zwei Jahre in ihrem Gefäß stehen, müssen nun herausgeholt und mit neuer Erde versorgt werden.

Frühjahrsbeginn

Wenn Sie den Schnitt noch nicht hinter sich gebracht haben, ist jetzt der allerletzte Zeitpunkt, an dem die Rosen noch geschnitten werden können. Bringen Sie den von Ihnen ausgewählten Rosendünger aus. Auch jetzt können Sie noch wurzelnackte Rosen pflanzen, solange es noch nicht warm ist. Wenn sich die ersten Blättchen zeigen, sollten Sie mit dem Sprühen beginnen, falls Sie Chemikalien einsetzen wollen. Wiederholen Sie den Prozess alle zehn bis vierzehn Tage.

Wenn Sie wurzelnackte Rosen pflanzen, setzen Sie die Rose in das halb gefüllte Pflanzloch. Dann bewegen Sie die Rose ein wenig hin und her. Auf diese Weise stellen Sie sicher, dass sich um die Wurzeln keine Luftlöcher bilden.

Frühjahrsmitte

Was die Rosenkultur angeht, ist dies wohl die am wenigsten arbeitsreiche Zeit des Jahres. Die Blüten haben sich noch nicht entwickelt, Krankheiten zeigen sich noch kaum. Trotzdem sollten Sie Ihre Rosen mit Chemikalien oder biologischem Pflanzenschutz gegen den Ausbruch von Pilzkrankheiten oder Schädlingsbefall schützen. Wenn es allmählich warm wird, müssen Sie anfangen, die neu gepflanzten Rosen regelmäßig zu gießen. Topfpflanzen brauchen ohnehin des Öfteren Wasser.

Spätfrühling

Rambler und wuchsstarke Kletterrosen zeigen nun schon den ersten Austrieb. Binden Sie die neuen Triebe so an ihrer Stütze fest, wie sie wachsen sollen. Jetzt ist das Holz noch weich und biegsam, sodass Sie ihm die von Ihnen gewünschte Wuchsrichtung geben können. Dieser Vorgang muss den Sommer über mehrfach wiederholt werden, wenn Ihre Rambler oder Kletterer nicht wild wachsen sollen. Wenn Sie sich in der Rosenzucht versuchen wollen, müssen Sie jetzt anfangen, die entsprechenden Rosen unter Glas zu ziehen.

Frühsommer

Nun gibt es langsam immer mehr zu tun, vor allem in der Welt der Rosen. Allmählich öffnen sich die ersten Blüten und zeigen uns, dass diese Pflanze jede Mühe wert ist. Wenn der Sommer nicht übermäßig regenreich ist, müssen neu gesetzte Pflanzen nun täglich gewässert werden. Abgeblühte Blütenstände müssen entfernt werden, damit sie nicht zur Brutstätte für Krankheiten werden. Pilz- und Schädlingsbefall muss bekämpft werden.

Die bereits etablierten Rosen stehen nun in der Blüte und treiben aus, was zum Ansetzen von Wildtrieben führen kann, die aus der Erde (genauer gesagt unterhalb der Veredelungsstelle) hervorwachsen. Diese müssen so früh als möglich entfernt werden, sonst rauben sie der Pflanze unnötig Kraft. In der Rosenzucht wird nun das Okulieren in Angriff genommen. Die kommerziellen Rosenschulen veredeln ihre Pflanzen jetzt. Sie können die ersten Setzlinge schneiden.

Diese sind jedoch anfälliger als solche, die im Frühherbst abgenommen werden. Binden Sie weiterhin den Neuaustrieb von Kletter- und Ramblerrosen auf.

Sommermitte

Die Rosen blühen immer noch, viele haben ihren Zenit jedoch schon überschritten. Alle Sorten, die remontieren oder öfter blühen, sollten nun von abgeblühten Blütenständen befreit werden, um die nächste Blüte zu fördern. Dies gilt auch für Einmalblüher, wenn Sie nicht möchten, dass die Pflanze Hagebutten ansetzt. Nun müssen Sie ein zweites Mal düngen, damit die Rosen genug Nahrung für den Herbst haben. Was das Ausbringen der chemischen oder biologisch-organischen Schädlingsbekämpfungsmittel angeht, so dürfen Sie dies auch jetzt nicht einstellen. Nun müssen Sie vermutlich auch etablierte Pflanzen des Öfteren gießen. Für Topf- und Jungpflanzen ist dies ohnehin selbstverständlich. Befallenen Neuaustrieb können Sie, ohne der Pflanze damit Probleme zu bereiten, einfach abschneiden.

Spätsommer

Gerade im Spätsommer breiten sich viele Rosenkrankheiten explosionsartig aus. Daher sind vorbeugende Maßnahmen so wichtig. Sollte sich trotz Ihrer Bemühungen beispielsweise Mehltau breit machen, müssen Sie die befallenen Pflanzenteile wegschneiden. Achten Sie auch darauf, dass keine befallenen Blätter auf dem Boden liegen bleiben, damit die Pilzsporen nicht im Erdreich überwintern können. Darüber hinaus ist der Spätsommer im Rosengarten wenig aufregend. Sie müssen Ihre Lieblinge gießen und den Neuaustrieb der Kletterpflanzen hochbinden, auch wenn dieser sich nun schon stark verlangsamt hat.

Frühherbst

Die meisten Rosen blühen nun deutlich spärlicher. Man sieht da und dort noch Blüten, ansonsten aber bereiten sich viele Pflanzen bereits auf die Winterruhe vor. Bestimmte Sorten aber gehören zu den Spätblühern und bringen im Herbst noch einmal einen üppigen Flor hervor. Öfterblühende Strauchrosen zeigen sich nun ein wenig aus der Form gegangen und schätzen es, wenn man ihnen einen Pflegeschnitt zukommen lässt. Einmalblühende Arten aber dürfen keinesfalls geschnitten werden, weil Sie sonst die Blüte des nächsten Jahres kaputt machen. Setzen Sie Ihre Kontrollmaßnahmen

Wurzelnackte Ware beim Rosenzüchter wartet auf den Versand.

Abgeblühte Blütenstände entfernt man, um die Produktion weiterer Blüten anzuregen.

zur Schädlings- und Krankheitsbekämpfung fort. Auch die öfterblühenden Sorten dürfen jetzt nicht mehr gedüngt werden, da sonst das Holz für die Winterruhe nicht ausreifen kann. Jetzt bilden sich die attraktiven Hagebutten heraus, manche Rosen zeigen gar eine interessante Herbstfärbung im Laub.

Herbstmitte

Nun wird die Winterruhe eingeläutet. Sie sollten nicht mehr so oft gießen wie im Sommer. Die Kontrollmaßnahmen gegen Krankheiten und Schädlinge müssen beibehalten werden. Wenn Sie eine Rose bis ins alte Holz zurückschneiden müssen, sollten Sie dies jetzt tun. Nun ist auch eine gute Zeit, um etablierte Rosen zu verpflanzen. Warten Sie damit aber auf jeden Fall, bis die Pflanze das Wachstum eingestellt hat. Abgefallene Blätter sollten Sie aus dem Beet entfernen, weil sich dort zu leicht Pilzsporen einnisten. Bereiten Sie die Pflanzlöcher für die von Ihnen bestellten wurzelnackten Rosen vor, die Sie später einsetzen wollen. Sämtliche Maßnahmen zur Bodenverbesserung sollten Sie jetzt umsetzen.

LINKS: Die Hagebutten der Bibernellrose *(Rosa pimpinellifolia)* sind von rötlich-brauner Farbe und leicht bestachelt.

Spätherbst

Nun erhalten Sie überall wurzelnackte Rosen. Ihre etablierten Rosen haben sich in die Winterruhe verabschiedet. Alles, was nun zu tun ist, kann bis zum Frühlingsbeginn getan werden, solange der Boden offen ist. Sie können Rosen umsetzen, Winterspritzungen mit Schädlingsbekämpfungsmitteln vornehmen, was sich zum Beispiel bei Rosenrost und Sternrußtau empfiehlt. Den anfälligen Sorten müssen Sie nun Winterschutz geben. Packen Sie auch Ihre Töpfe und Kübel gut ein. In Gegenden mit harten Wintern sollten Sie alle Pflanzen anhäufeln, sonst wird der nahende Frost sie zerstören.

Frühwinter

Im Frühwinter sind im Grunde dieselben Dinge zu tun wie im Spätherbst. Nur die Frostgefahr verschärft sich natürlich. Kontrollieren Sie, ob der Winterschutz Ihrer Pflanzen noch richtig sitzt, bevor der erste Schnee fällt.

Einige Rosensorten leiden unter Viruskrankheiten, die zwar nicht auf andere Rosen übertragen werden, sich aber an unschönen Blattverfärbungen und mangelhaftem Blattwachstum zeigen.

Rosen pflanzen und schneiden

Maßnahmen zur Bodenverbesserung

Das Beste, was Sie für eine Rose tun können, ist, ihr einen guten Start zu ermöglichen. Aus diesem Grunde ist gerade bei der Rosenpflanzung die Vorbereitung des Pflanzloches so wichtig. Rosen mögen neutrale bis leicht saure Erde mit einem pH-Wert von circa 6,5. Allerdings vertragen sie auch einen leicht kalkhaltigen Boden mit pH-Werten bis zu 7,5, ohne Zeichen von Müdigkeit zu zeigen. Darüber hinaus allerdings wird es schwierig. Wenn Sie nicht wissen, welchen pH-Wert der Boden in Ihrem Garten hat, sollten Sie sich ein Test-Set im Gartencenter kaufen. Der Test ist leicht durchzuführen und die beste Grundlage für die Beurteilung Ihrer Gartenerde. Wenn Sie dies nicht möchten, gibt es noch eine Faustregel: Wächst die Kartoffelrose (*Rosa rugosa*) in der Nähe des Gartens wild, dann können Sie davon ausgehen, dass die Erde für Rosen geeignet ist.

Ist die Erde allerdings zu kalkhaltig, kann sie mit gut verrottetem Stallmist verbessert werden. Torf leistet dieselben Dienste, doch handelt es sich hier um einen begrenzten Rohstoff, der nicht allzu häufig eingesetzt werden sollte. Gartenkompost ist im Normalfall ebenfalls eher säurehaltig, allerdings nur, wenn er ordentlich verrottet ist.

Doch auch wenn das Erdreich in Ihrem Garten nicht zu kalkhaltig ist, schadet es nicht, wenn Sie die Bodenstruktur durch Zusatz von organischem Material verbessern, was auch die Nährstoffaufnahme erleichtert. Außerdem sorgt das eingearbeitete organische Material dafür, dass der Boden nicht so schnell an Feuchtigkeit verliert. Schwere, stark wasserhaltige Tonböden werden durch organisches Material verbessert.

Sie können die Erde durch Kompost verbessern, durch gut verrotteten Stallmist und organischen oder chemischen Dünger. Bevor Sie Bodenhilfsstoffe verwenden, sollten Sie den pH-Wert des Bodens zweifelsfrei feststellen.

Ist Ihr Gartenboden hingegen zu sauer, können Sie pulverisierten Kalk einarbeiten. Was Kunstdünger angeht, so ändern sich hier die Empfehlungen der Experten ständig, ähnlich wie bei den Ernährungsempfehlungen für Menschen. Manche glauben, Kunstdünger steigere die Krankheitsanfälligkeit der Pflanzen, vor allem, was Rosenrost angeht. Ich persönlich bin mit meinen Kunstdünger-Experimenten noch nicht am Ende. Sicher ist nur, dass in einer zunehmend urbanisierten Welt der Zugang zu natürlichen Nährstoffen längst nicht mehr selbstverständlich ist. Jeder Boden aber braucht nun einmal Unterstützung, wenn er über die Jahre hinweg fruchtbar bleiben soll. Wenn man den Einsatz von Kunstdünger nicht übertreibt, kommt man meiner Ansicht nach ganz gut damit zurecht. Und was noch wichtiger ist: Der Griff zu fertig gemischten Produkten sorgt dafür, dass die Pflanzen eine ausgewogene Nährstoffmischung erhalten, was mit Naturmaterialien nicht immer gewährleistet ist. Natürlich gibt es auch ausgezeichnete organische Fertigdünger, die man nur durchweg empfehlen kann.

Wie Ihr Boden auch immer beschaffen sein mag, er wird auf jeden Fall vom klassischen Umgraben vor der Pflanzung profitieren. Wenn Sie Rosen in bereits bestehende Beete einfügen, ist das kaum möglich. Legen Sie aber ein Beet völlig neu an, so hat das Umgraben gleich drei Vorteile: Es verbessert die Durchlüftung des Bodens. Es sorgt dafür, dass die Krume gut durchwurzelt werden kann. Und Sie reißen damit sämtliche oberflächlich wurzelnden Unkräuter aus. Dies ist wohl die beste Technik für das klassische Umgraben: Stechen Sie den Spaten tief ein und heben Sie ein Stück Erde aus. Legen Sie es in der Schubkarre oder auf einer beim Pflanzloch ausgebreiteten Plane ab. Bearbeiten Sie dann den Boden des ausgestochenen Loches mit der Grabegabel, um ihn zu lockern. Dann stechen Sie wieder ein Stück ab und schütten den Aushub in das erste Loch. Der Boden des neuen Loches wird wieder mit der Grabegabel gelockert. So fahren Sie fort, bis Sie am Ende der Reihe noch ein Loch übrig haben. In dieses füllen Sie nun den Aushub des ersten Spatenstichs. Wenn Sie im Herbst umgraben, das Beet aber erst im darauf folgenden Frühjahr nutzen wollen, dann können Sie die ausgehobene Scholle sogar im Ganzen in das neue Loch gleiten lassen, ohne sie vorher zu zerkrümeln, denn der Frost wird die Struktur ohnehin aufbrechen. So wird die Erde gerade zur Zeit der vorgesehenen Pflanzung besonders fein und locker. Wollen Sie aber schon kurz nach dem Umgraben pflanzen, so müssen Sie die Erde fein zerkrümeln.

Ist Ihr Gartenboden besonders schwer, ist es vielleicht sinnvoll, für zusätzliche Drainage zu sorgen, was sich beim Umgraben gut besorgen lässt. Rosen mögen weder Trockenheit noch Staunässe. Wenn Sie eine Solitärrose pflanzen, gibt es eine einfache Möglichkeit, dies sicherzustellen. Graben Sie das Pflanzloch doppelt so tief wie üblich und füllen Sie den Boden mit Kies auf. Wollen Sie jedoch ein Rosenbeet anlegen, sollten Sie bei sehr nasser Erde Plastikrohre verlegen, welche das Wasser ableiten. Auch hier aber können Sie die Pflanzstelle mit Kies unterfüttern.

Bodenmüdigkeit

Rosen sollten keinesfalls an einen Standort gepflanzt werden, der bis vor kurzem noch andere Rosen beherbergt hat. Dieser Boden ist „rosenmüde“. Woher diese Bodenmüdigkeit kommt, ist bis heute nicht hundertprozentig geklärt. Man nimmt an, dass Rosen bestimmte Spuren von chemischen Stoffen im Boden hinterlassen, die andere Rosen nicht vertragen. Die neuen Rosen zeigen dann nur spärliches Wachstum oder sterben gar ab. Außerdem zeigen sich die meisten Rosen an solchen Stellen sehr anfällig für Krankheiten.

Dieses Problem kann auf unterschiedliche Weise gelöst werden. Natürlich ist es am besten, in solch einem Beet erst einmal andere Pflanzen anzusiedeln, damit die Bodenschadstoffe der Rosen sich abbauen können. Das dauert aber

Wenn Sie wurzelnackte Rosen pflanzen, muss das Loch breit genug sein, dass die Wurzeln ausgebreitet darin Platz finden, und tief genug, damit die Basis aller Triebe mit Erde bedeckt ist.

mindestens zwei Jahre. Es gibt also nur eine schnell wirksame Lösung, die allerdings ein wenig aufwändig ist: die Erde austauschen. Heben Sie die Erde des Beetes aus und ersetzen Sie sie durch Erde, in der in den letzten Jahren keine Rosen standen. Wollen Sie allerdings ganze Beete pflanzen, dann erweist sich diese Lösung als schwierig. Sie können natürlich Chemikalien einsetzen. Profis sterilisieren den Boden durch Dämpfen mit bestimmten Stoffen wie Formalin. Das bedeutet, dass Sie das Beet zwar nicht sofort, aber immerhin in absehbarer Zeit nach Ihren Wünschen bepflanzen können. In Deutschland ist diese Methode allerdings nur in der Landwirtschaft üblich, für Kleinflächen rechnet sie sich einfach nicht.

Die Neigung zur Bodenmüdigkeit ist der Hauptgrund, weshalb kommerzielle Rosenanbieter Fruchtwechsel betreiben, das heißt, sie bepflanzen die Felder abwechselnd mit Rosen und anderen Pflanzen. Alle Anbauflächen liegen regelmäßig für eine gewisse Zeit brach.

Rosenpflanzung

Ihre Rose ist entweder wurzelnackt oder steht im Container. Nach der Pflanzung ist das Resultat exakt dasselbe, doch beim Pflanzen gilt es, bestimmte Regeln zu beachten, wenn Sie beide Formen richtig setzen wollen.

- **Das Pflanzen von wurzelnackten Rosen**

Bevor Sie eine wurzelnackte Rose pflanzen, müssen Sie wissen, wo die Veredelungsstelle sitzt. Das ist die knorrige Stelle zwischen Trieben und Wurzeln. An dieser Stelle wurde die Pflanze veredelt. Man sieht häufig deutlich, wo die neue Pflanze auf ihre Unterlage gesetzt wurde. Heben Sie das Pflanzloch so tief aus, dass die Veredelungsstelle circa 2,5 cm unterhalb der Erdoberfläche sitzt. Auf diese Weise verringern Sie die Gefahr des Austriebs aus der Unterlage, was zu Wildtrieben führt. Einige alte Strauchrosen bzw. Kletterrosen entwickeln mitunter

sogar eigene Wurzeln aus dem Teil des Haupttriebes, der unter der Erde liegt. Das Loch muss außerdem breiter sein als der Umfang der Wurzeln, wenn man sie ordentlich ausbreitet. Dies kommt vor allem der künftigen Stabilität Ihrer Rose zugute, denn auf diese Weise fördern Sie das Wurzelwachstum in alle Richtungen, weil die Wurzeln es rundherum nur mit bereits gelockertem Erdreich aufnehmen müssen.

Wenn Sie das Loch ausgehoben haben, sollten Sie den Boden ein wenig mit der Grabegabel lockern. So erleichtern Sie es den Wurzeln, sich gut im Erdreich zu verankern. Arbeiten Sie dann eine Hand voll Knochenmehl in die Erde ein. Auch den Aushub, mit dem Sie das Loch füllen, sollten Sie mit einer weiteren Hand voll Knochenmehl versetzen.

Nun setzen Sie die Pflanze in das ausgehobene Loch. Spreizen Sie die Wurzeln ein wenig und halten Sie die Pflanze aufrecht. Schütten Sie locker Erde auf, sodass die Rose in Ihrem Pflanzloch aufrecht stehen kann. Dann geben Sie etwa die Hälfte des Aushubs zu. Nun bewegen Sie die Rose ein wenig hin und her, damit sich um die Wurzeln keine Luftlöcher bilden können. Treten Sie die Erde nun ein wenig fest, bevor Sie den Rest der Erde aufschütten. Treten Sie die Erde sanft fest, bevor Sie die Oberfläche um Ihre neu gepflanzte Rose glätten. Haben Sie im Spätherbst bzw. im Winter gepflanzt, sollten Sie vor dem Austrieb im Frühjahr einige Male testen, ob die Pflanze fest in der Erde sitzt. Da die Pflanze in dieser Zeit keine Faserwurzeln ausbildet, kann es sein, dass sie aufgrund von Wind bzw. Regenfällen nun locker sitzt. Sobald die Rose zu wachsen anfängt, muss sie regelmäßig gewässert werden.

1. Füllen Sie den Boden des Gefäßes mit Steinen auf.

2. Stellen Sie sicher, dass das Gefäß tief genug ist, damit die Veredelungsstelle etwa 2,5 cm unterhalb der Erdoberfläche zu liegen kommt.

3. Füllen Sie Erde bis circa 2,5 cm unterhalb des Gefäßrandes auf, damit die Erde beim Gießen nicht überläuft. Beschriften Sie Ihre Rose.

Das Pflanzen von Container-Rosen
Stellen Sie zuerst sicher, dass die Erde im Container feucht ist, bevor Sie die Rose pflanzen. Tauchen Sie ihn im Ganzen in einen Eimer Wasser. Wenn Luftblasen aufsteigen, hat die Rose zu trocken gestanden. Warten Sie, bis die Luftblasen aufhören.

Wie bei wurzelnackten Rosen muss auch hier das Pflanzloch breiter sein als der Container und tief genug, damit die Veredelungsstelle 2,5 cm tief unter der Erde zu liegen kommt. Vermutlich hat der Gärtner die Veredelungsstelle im Container nicht mit Erde bedeckt. Es ist nicht einfach, Gefäße zu finden, die tief genug sind, denn Rosen sind Tiefwurzler. Sie werden mit etwa 18 Monaten in den Container gesetzt, die alle eine Standardgröße haben. Daher sitzt die Veredelungsstelle bei Containerware meistens oberhalb der Erde. Bearbeiten Sie den Boden des Pflanzlochs mit der Grabegabel, um ihn aufzulockern. Arbeiten Sie eine Hand voll Knochenmehl in den Boden des Pflanzloches ein, eine weitere Hand voll in den Aushub.

Wenn Sie die Rose aus dem Container nehmen, achten Sie darauf, dass Sie den Wurzelballen nicht beschädigen, damit die dünnen Faserwurzeln, welche für die Nährstoffaufnahme eine besondere Rolle spielen, nicht Schaden nehmen. Einzige Ausnahme ist eine Pflanze, die sich zu sehr an den kleinen Topf gewöhnt hat (siehe Seite 30). Am besten öffnen Sie den Container mit einem Messer. Allerdings sind Container heute auch oft aus stabilerem Material, dann müssen Sie die Rose einfach aus ihrem Gefäß klopfen. Heben Sie sie bitte nicht aus dem Gefäß. Das kann den Wurzeln schaden. Nehmen Sie den Topf umgedreht in die Hand und klopfen Sie auf die Unterseite. Im Normalfall löst sich die Rose dann. Sollte dies nicht der Fall sein, quetschen Sie das Kunststoffgefäß leicht zusammen und versuchen es nochmals. Sobald Sie die Rose mit Wurzelballen in der Hand halten, setzen Sie sie aufrecht ins Gefäß. Manchmal sitzen Rosen nicht völlig gerade im Container. Das kommt vor allem dann vor, wenn sie zu lange im Gefäß stehen. Nun füllen Sie rund um den Wurzelballen und darüber die restliche Erde ein. Klopfen Sie sie sanft fest und glätten Sie die Erdoberfläche. Wie Sie eine Rose aus dem Container in einen Kübel verpflanzen, zeigt die Bildserie auf der vorhergehenden Seite 41.

Dieser wunderschöne Trauerstamm wird von einem kräftigen Holzstab gestützt.

Hochstämme

Hochstammrosen brauchen eine Stütze, die schon vor der Pflanzung gesetzt werden sollte. Heben Sie also zuerst das Pflanzloch aus. Hier gilt wie bei allen wurzelnackten Rosen, dass das Loch so breit sein muss, dass es die ausgebreiteten Rosenwurzeln aufnehmen kann, und so tief, dass die Stelle am Stamm, die zeigt, wie tief der Stamm früher in der Erde saß, unterhalb der Erdoberfläche sitzt. Nur so kann sich die Rose gut verwurzeln. Eine Hochstammrose im Container braucht ein Loch, das breiter und tiefer ist als das aktuelle Gefäß, in dem die Rose steht. Wie bei anderen Rosen sollten Sie den Boden des Pflanzlochs mit der Grabegabel lockern und eine Hand voll Knochenmehl einarbeiten. Die zweite Hand voll Knochenmehl wird unter den Aushub gemischt. Nun setzen Sie die Stütze ins Pflanzloch. Der Stützstab sollte, wenn er aus Holz ist, vorher mit Holzschutzmittel behandelt werden. Der Stab sollte nicht mittig und mindestens 45 cm tief im Pflanzloch stehen, sodass die Spitze noch in die Zweige reicht. Am besten steht er auf der Windseite. Um die Rosenwurzeln zu schützen, wenn der Stab später einmal ausgetauscht werden muss, können Sie ihn auch in ein Stück Plastikrohr einlassen. So können Sie ihn später einfach herausziehen bzw. seinen Ersatz wieder ins Rohr einführen.

Nun setzen Sie den Hochstamm gegen die Stütze und binden ihn locker fest. Füllen Sie die Erde auf und vergessen Sie nicht, sie immer wieder sanft festzutreten, weil sie sich sonst später senkt. Pflanzen Sie einen Container-Hochstamm, füllen Sie die Lücke zwischen Wurzelballen und Pflanzloch auf und stopfen die Erde mit dem Griff eines Gartengerätes fest. Dann erst binden Sie den Stamm endgültig an die Stütze. Sichern Sie ihn oben, unten und in der Mitte. Bei einem Zwerg-Hochstamm genügen zwei Bänder. Achten Sie darauf, das Band nicht zu fest zu binden. Es sollte außerdem so breit sein, dass es nicht ins Holz des Stammes einwächst. Die Rosen dürfen nicht auf der Stütze aufliegen. Dafür gibt es Abstandhalter, die Sie in jedem gut sortierten Gartencenter finden. Nach etwa einem Monat sollten Sie das Bindeband nochmals überprüfen. Die Erde kann sich gesenkt haben, sodass die Bänder nicht mehr am richtigen Platz sitzen.

Etablierte Rosen umsetzen

Ob diese Aktion gelingt, hängt vor allem vom Alter und der Größe der Rose ab. Natürlich lässt sich eine Strauchrose leichter umsetzen als eine Ramblerrose, die die Vorderseite eines Hauses überwuchert. Die langen Wurzeln von Kletterrosen machen es im Allgemeinen unmöglich, sie vollständig auszugraben. Versetzen Sie Rosen nur in der Ruhephase, wenn sie noch nicht ausgetrieben haben und die Verdunstung folglich gering ist.

Zunächst einmal sollten Sie die Triebe kräftig zurückschneiden. Darüber, wo Sie die Schnitte ansetzen, brauchen Sie sich jetzt keine Gedanken zu machen. Lassen Sie den Rosen nach dem Umsetzen einen erneuten Pflegeschnitt angedeihen, bei dem Sie auch erfrorenes Holz entfernen. Wenn die Rose allein steht, sollten Sie zuerst rund um die Pflanze eine möglichst tiefe Rinne ausheben. Das macht es später einfacher, die Wurzeln vollständig auszugraben. Ist die Rose besonders groß, sollten Sie vielleicht noch einen Freund um Hilfe bitten. Wenn Sie sich ans Graben machen, sollte die Rose jeweils möglichst weit auf jene Seite gezogen werden, an der Sie nicht graben. So kommen Sie besser an die Mitte heran.

Haben Sie die Rose erst ausgegraben, können Sie sie an ihren neuen Platz setzen. Beachten Sie dabei die Tipps für die Rosenpflanzung, die ich oben angeführt habe. Wässern Sie die Rose vor der Pflanzung mit Algenextrakt. Das fördert neues Wurzelwachstum. Und vergessen Sie nicht, dass die Rose in den ersten Tagen und Wochen besonders viel Durst entwickelt.

Das Pflanzen einer Rosenhecke

Rosenhecken können formal oder eher locker gepflanzt werden. Lockere Hecken konzipiert man am besten aus mehreren Rosensorten, denn die Vielfalt an Blütenfarben, Wuchs- und Blattformen erlaubt eine besonders abwechslungsreiche „grüne Wand". Beziehen Sie diesen Gesichtspunkt möglichst schon bei der Planung ein. Formale Hecken aus verschiedenen Sorten einer einzigen Rosenart wie z. B. *Rosa rugosa* sollten so gepflanzt werden, dass die Einzelpflanzen alle denselben Abstand zueinander haben.

Wer eine breite Barriere wünscht, pflanzt am besten zwei Reihen von Rosen, wobei die eine Reihe gegenüber der anderen leicht versetzt werden sollte, sodass die Einzelpflanzen im Zickzack-Muster stehen. So erhalten Sie eine Hecke von einiger Tiefe, die nicht so leicht zu überwinden ist.

Mulch oder kein Mulch?

Eine Mulchschicht besteht aus organischem oder nicht-organischem Material, das dünn auf der Bodenoberfläche ausgebracht wird. Sie hat die Aufgabe, die Feuchtigkeit in der Erde zu halten und Unkraut zu unterdrücken. Ob diese Aufgabe erfüllt werden kann, hängt im Wesentlichen vom verwendeten Material ab. Am besten funktionieren die heute im kommerziellen Landbau so häufig verwendeten schwarzen Plastikplanen, doch wer will schon auf diese Weise die äußere Erscheinung des Gartens ruinieren? Ich persönlich plädiere für Folien nur bei Rosen mit stark überhängendem Wuchs, welche den Boden fast vollständig bedecken. Hier allerdings hat die Plane wirklich Sinn, denn sie verhindert Unkraut recht effektiv. Es ist nämlich alles andere als ein Vergnügen, unter überhängenden Rosen Unkraut zu jäten.

Hier wurde Rindenmulch unter den Rosen ausgebracht, doch mulchen können Sie auch mit Kies oder Kompost.

Doch es gibt ja glücklicherweise Alternativen für jene Fälle, in denen die Plane zu deutlich sichtbar wäre. Rindenmulch sieht gut aus, allerdings verrottet er vergleichsweise schnell, was zwar heißt, dass der Boden mit organischem Material verbessert wird, andererseits muss dann neuer Mulch ausgebracht werden, weil die verrottete Schicht ihre ursprünglichen Aufgaben nun nicht mehr erfüllt. Auch wird er relativ leicht weggeblasen, wenn Sie in einer eher windigen Gegend wohnen. Zerkleinerte Kokosnussschalen sind ebenfalls eine Möglichkeit, doch denken Sie daran, dass dann über Ihren Beeten stets ein Hauch von Schokoladenduft liegt, was empfindliche Nasen am Genuss der Rosennoten hindern kann. Häufig wird mit Grasschnitt gemulcht, doch dies führt zu einer Anreicherung von Stickstoff im Boden: Viele junge, allzu weiche Triebe und weniger Blüten sind die Folge.

Daher plädiere ich für Kies als bestes Material zum Mulchen. Es stimmt zwar, dass Unkräuter auch durch Kies wachsen, doch der Kies kühlt die Erde, wird nicht weggeweht und lässt das Unkraut so deutlich hervortreten, dass es nicht schwer fällt, erfolgreiche Pflänzchen zu entfernen. Kies erhalten Sie heute in jedem Gartencenter. Es gibt verschiedene Typen. Sie können also die Mulchschicht in Ihrem Garten ganz nach Ihren persönlichen Vorlieben gestalten.

Rosen schneiden und erziehen

„Warum müssen Rosen eigentlich beschnitten werden?", werden Sie fragen. Die Antwort ist ganz einfach: Auf diese Weise bewahren Sie die Pflanzen davor, allzu kopflastig zu werden. Sie verjüngen die Pflanze, sodass sie mehr Blütentriebe bildet, und beseitigen gleichzeitig altes

Holz, das von Krankheiten befallen oder erfroren ist. Rosenschnitt und -erziehung lassen den Gärtner zum Designer werden, vor allem, wenn es um wüchsige Strauchrosen, Kletter- oder Ramblerrosen geht. Natürlich sind Rosen nicht gerade die idealen Pflanzen für Formschnitt, doch können Sie sie durch Schnitt im Wachstum lenken. Der Rosenschnitt ist ja schließlich keine sadistische Prozedur, sondern mehr eine Art „Haarschnitt", der die betroffene Pflanze wieder besser aussehen lässt.

Auch ist der Rosenschnitt keineswegs so kompliziert, wie es im Allgemeinen heißt. Bei mehreren Rosen wird er allerdings zeitaufwändig, lohnt aber trotzdem. An Werkzeug ist nur erforderlich: eine scharfe Gartenschere, eine Säge oder Astschere für die dickeren bzw. höheren Zweige und gute Handschuhe, möglichst aus Leder. Eine normale Schere, wie man sie immer wieder beim Floristen sieht, können Sie höchstens für zartere Geschöpfe wie Miniaturrosen brauchen.

Achten Sie immer auf die Bindebänder. Wenn die Pflanze älter wird, verdicken sich die Triebe und die Bänder können einwachsen. Hier hat der Draht die Rinde schon beschädigt, was leicht zu Pilzerkrankungen führen kann.

Bei der Erziehung von Kletter- bzw. Ramblerrosen sollten Sie darauf achten, so viele Triebe als möglich seitlich nach außen zu führen. Auf diese Weise fördern Sie das Blütenwachstum.

Beim Rosenschnitt sind vor allem folgende Gesichtspunkte wichtig: Beschädigtes Holz wird auf jeden Fall entfernt, ob es nun vom Wind geknickt, vom Reiben an anderen Zweigen aufgescheuert oder von zu harten Bindebändern angeschwollen ist. Beschädigtes Holz ist ein Einfallstor für Krankheiten jeglicher Art. Wenn zwei Triebe aneinander reiben, sollten Sie einen davon entfernen, auch wenn es noch nicht zu Schäden an der Rinde gekommen ist. Dasselbe gilt für angebrochene, abgebrochene oder von Infektionen bzw. Schädlingen befallene Zweige. Setzen Sie den Schnitt etwa einen Zentimeter oberhalb eines Auges an, und zwar so, dass die Schnittfläche vom Auge wegführt. Auf diese Weise wird ablaufendes Wasser vom Auge weggelenkt. Außerdem sollten Sie darauf achten, das das nächste Auge unterhalb des Schnitts nach außen zeigt. Schließlich wollen Sie ja nicht, dass der neue Trieb nach innen wächst und die Struktur des Strauches stört. Strauch- oder Beetrosen sollten im Habitus möglichst offen wirken. Zu diesem Zweck nimmt man sich überkreuzende Zweige heraus. Den Wuchs von Kletter- bzw. Ramblerrosen können Sie durch Anbinden oder durch Schnitt bestimmen. Achten Sie also beim Schnitt stets auf die Form, welche die Rose einmal haben soll.

Eine kräftig zurückgeschnittene Ramblerrose bringt aus der Basis viele neue, gesunde Triebe hervor.

Das Schneiden frisch gepflanzter Rosen

Bevor wir uns mit dem Schnitt bereits etablierter Rosen beschäftigen, noch ein paar Worte zum Rückschnitt bei frisch gepflanzten Exemplaren. Jede eben eingesetzte wurzelnackte Rose sollte kräftig zurückgeschnitten werden. Unabhängig vom Rosentyp muss der Rückschnitt stark ausfallen: Strauch- und Beetrosen werden auf etwa 15 cm zurückgenommen, Kletter- und Ramblerrosen auf circa 25 cm. Wenn Sie sich diesen so genannten „Pflanzschnitt" sparen, wird Ihre Rose künftig eine nahezu nackte Basis zeigen, während die Blüten sich auf die Triebenden konzentrieren. Später ist es ungleich schwieriger, die Pflanze zum regen Neuaustrieb aus der Basis anzuregen. Aus diesem Grund sollten Sie die Pflanze gleich zu Beginn mit der Schere ordentlich zurückstutzen. Ich habe leider selbst den Fehler gemacht, die Schere nicht früh genug anzusetzen, denn natürlich blüht die Pflanze eher, wenn Sie keinen Pflanzschnitt durchführen. Doch die Rose wird Ihnen den anfänglichen Rückschnitt mit besserem Habitus und vermehrter Blütenzahl danken. Ich jedenfalls musste die Basis jener Rosen, die ich nicht mit einem ordentlichen Pflanzschnitt bedacht hatte, später mit Stauden verdecken.

Anders ist dies bei Container-Rosen. Diese brauchen keinen Pflanzschnitt und müssen erst geschnitten werden, wenn Sie auch Ihre etablierten Rosen mit der Schere bearbeiten. Das liegt einfach daran, dass der Züchter der Rose ihren Pflanzschnitt verpasst hat, als er sie in den Container setzte.

Überprüfen Sie auch die Veredelungsstelle. Die Veredelungsstelle ist jene Stelle, an der Ihre Rose auf ihre starkwüchsige Unterlage gesetzt wurde. Sie ist leicht zu erkennen, denn die Zweige der Unterlage werden erst später abgeschnitten, sodass an der Veredelungsstelle ein Stummel zurückbleibt. Dieser Stummel sollte nicht allzu lang sein, sondern nach Möglichkeit sogar mit der Veredelungsstelle bündig abschließen. Je mehr er übersteht, desto größer ist die Wahrscheinlichkeit, dass es zur Ausbildung von Wildtrieben kommt. Da diese sozusagen auf der eigenen Wurzel stehen, sind sie kräftiger als die Triebe der veredelten Pflanze

Entfernt man während der Blütezeit die abgeblühten Blütenstände, so sieht die Pflanze nicht nur sauberer aus, sondern blüht auch williger nach.

und berauben diese ihrer Nährstoffe. Wenn Sie sie nicht beseitigen, können sie die veredelte Rose sogar verdrängen.

Haben Sie die wurzelnackte Rose bei einer guten Rosenschule erworben, wurde der Stummel mit Sicherheit gekürzt. Bei Rosen aus Gartencentern oder Baumärkten ist dies hingegen häufig nicht der Fall. Sie sollten ihn also auf jeden Fall abschneiden bzw. -sägen.

Ramblerrosen

Ramblerrosen sind Kletterrosen mit besonders weichen Trieben. Gewöhnlich blühen sie am letztjährigen Holz, das meist aus der Basis treibt, wobei so mancher Neuaustrieb auch weiter oben entsteht. Haben Sie Ihren Ramblern einen guten Pflanzschnitt angedeihen lassen, dann sollten Sie ihnen in den ersten beiden Jahren alle Freiheit gönnen, damit sie sich gut etablieren und ein kräftiges Wurzelsystem ausbilden können. Die meisten Rambler brauchen ohnehin bis zu drei Jahre, bevor sie überhaupt Blüten hervorbringen. Erst dann sollten Sie mit dem regelmäßigen Schnitt beginnen. Schneiden Sie die Rambler im Spätsommer, unmittelbar nach der Blüte. Es ist unsinnig, der Pflanze zu erlauben, Nährstoffe an Zweige zu verschwenden, die eigentlich nicht mehr gebraucht werden. Wollen Sie allerdings den Hagebuttenschmuck genießen, verschieben Sie den Schnitt am besten aufs Frühjahr. Sie können die Ramblertriebe auf jede beliebige Länge kürzen, ohne fürchten zu müssen, dass sie die Blütenproduktion einstellen. Nur wenn Sie die Triebe vollständig einkürzen, wird Ihr Rambler im nächsten Jahr ohne Blüte dastehen.

Wie Sie Ihren Rambler schneiden müssen, hängt ganz davon ab, wie er wachsen soll. Ziehen Sie die Pflanze horizontal, beispielsweise an einem Zaun entlang, können Sie getrost alle abgeblühten Triebe entfernen, denn der Neuaustrieb kann von neuem so erzogen werden, dass er die alten Zweige ersetzt. Zu diesem Zweck müssen Sie die alten Bindebänder lösen, sodass die Pflanze zu Boden sinkt. Dann können Sie den Schnitt vornehmen. Während des Schnitts oder danach können Sie die einzelnen Zweige wieder aufbinden. Binden Sie die nachwachsenden Triebe fächerförmig oder horizontal beidseitig am Klettergerüst fest. Auf diese Weise bleibt die Pflanze jung und schlank und Sie müssen trotzdem nicht auf Blüten verzichten. Allerdings lässt sich diese Methode nicht immer anwenden, vor allem dann nicht, wenn der Rambler einen „Schandfleck" im Garten verdecken soll. In diesem Fall sollten Sie weniger streng zurückschneiden, was bedeutet, dass Sie nur altes Holz entfernen. An der Basis allerdings sollten Sie auch ein paar der kräftigeren Triebe herausnehmen, weil dort sonst kein neues Wachstum erfolgt und der Rambler von unten her verkahlt. Einige Rambler lässt man am besten unbeschnitten, vor allem, wenn sie in Bäume wachsen oder ein Teichufer verdecken. Zum einen wird der Schnitt durch den Wuchs der Pflanze meist erschwert, zum anderen fühlen sich einige Rambler unbeschnitten recht wohl. Wollen Sie einen „Baumkletterer" beschneiden, so warten Sie zumindest drei bis vier Jahre nach der Pflanzung damit, bis er sich etabliert hat. Doch auch die wüchsigsten Kletterrosen verlieren mitunter ihre Kraft. Die Pflanze dann einmal kräftig zurückzuschneiden wirkt meist Wunder.

Kletterrosen

Der Hauptunterschied zu den Ramblern ist, dass Kletterrosen am diesjährigen Holz blühen und daher anders geschnitten werden müssen. Auch Kletterrosen haben wüchsige Triebe, doch diese sind weniger weich als die der Rambler und werden daher weniger lang. Ziehen Sie die Triebe der Jungpflanze so weit als möglich von der Basis weg und binden Sie sie so am Klettergerüst fest. Von diesen Zweigen geht der laterale Wuchs aus, an dem die Blütentriebe sitzen. Je älter die Rose ist, desto wahrscheinlicher ist es, dass kletternde Triebe auch weiter oben erscheinen. Diese müssen Sie ebenfalls nach beiden Seiten ausbreiten, damit es zum Blütenwachstum kommt. Die lateralen Triebe sollten beim Schneiden auf etwa ein Drittel ihrer Länge gekürzt werden, dann bringen sie im nächsten Sommer Blütentriebe hervor. Im Jahr darauf kürzen Sie die diesjährigen Blütentriebe auf ein Drittel, damit diese ihrerseits Blütentriebe produzieren können. Und so geht das Jahr für Jahr.

Wie bei allen Rosen sollten Sie auch bei Kletterrosen auf sich überkreuzende Triebe achten und diese herausnehmen. Der für Kletterrosen erforderliche Schnitt bringt es leider mit sich, dass es immer wieder zu solchen Überkreuzungen kommt, welche nur zu leicht die Rinde beschädigen. Beschädigte Rinde aber ist das häufigste Einfallstor für alle möglichen Krankheiten.

Diese Strauchrose wächst unübersichtlich und zeigt viele sich überkreuzende Triebe im Innern, die sich bald aneinander reiben werden, wenn niemand sie entfernt.

Einmalblühende Strauchrosen

Zu ihnen gehören alle Rosen folgender Arten: Gallica-Rosen (*Rosa gallica*), Zentifolien (*R. centifolia*), Moosrosen (*R. muscosa*), Albarosen (*R. alba*) und Damaszenerrosen (*R. damascena*), aber auch so manche Wildrose. Diese Rosen lässt man am besten unbeschnitten, zumindest solange sie noch halbwegs ordentlich aussehen. Wenn Sie sie überhaupt schneiden, sollten Sie dies im Sommer, unmittelbar nach der Blüte, tun. Auf diese Weise fördern Sie den Ansatz von Blütentrieben noch vor dem Frost, die dann im folgenden Jahr austreiben. Rosen, die im Herbst schönen Hagebuttenschmuck zeigen, sollten Sie nur im Notfall beschneiden, denn die Hagebutten wirken als attraktive Farbtupfer im Garten, und zwar noch zu einer Zeit, in der alle anderen Farben schon längst dem Schnee Platz gemacht haben.

Nehmen Sie beim Schnitt schwache und beschädigte Triebe heraus. Auch dünne, staksige Triebe werden entfernt. Ein allzu strenger Rückschnitt allerdings empfiehlt sich nicht, um den gefälligen Wuchs der Rose nicht zu stören. Wenn Sie trotzdem einmal stark zurückschneiden müssen, dann tun Sie dies in der Ruhephase, wo die Rose am wenigsten Wasser verliert. Vergessen Sie aber nicht, dass dies den im Folgejahr zu erwartenden Blütensegen drastisch reduziert.

Öfterblühende Strauchrosen

Rosen dieser Gruppe sollten regelmäßig geschnitten werden, da dies ihren Wuchs verbessert und ihre Blühkapazität erhöht. Lichten Sie die Triebe aus, wenn diese zu dicht wachsen. Nehmen Sie schwach wüchsige Triebe heraus, denn diese werden kaum in der Lage sein, eine kräftige Blüte zu tragen. Auch beschädigte und

Dieselbe Rose nach dem Schnitt. Der Schnitt unterstreicht die Wuchsform. Der Neuaustrieb setzt tief an den verbliebenen Zweigen an, sodass die Rose eine dichte Basis aufweist.

kranke Zweige sollten Sie entfernen. Ist dies erst einmal getan, sollten Sie die Haupttriebe auf unterschiedliche Höhen einkürzen. Schneiden Sie einige Triebe nur um ein Drittel zurück. Diese werden im nächsten Jahr als Erste blühen. Andere nehmen Sie um zwei Drittel zurück, womit Sie den Neuaustrieb von der Basis her begünstigen. Diese Triebe blühen später oder gar erst im nächsten Jahr. Im Jahr darauf nehmen Sie die vorher stark beschnittenen Zweige nur um ein Drittel zurück, während Sie die nur mäßig eingekürzten kräftig schneiden. So gibt es quasi einen rotierenden Neuaustrieb. Der Sommerschnitt sollte eher zurückhaltend ausfallen. Erledigen Sie ihn, wenn Sie die abgeblühten Blütenstände entfernen.

Haben Sie eine Sorte mit attraktiven Hagebutten gepflanzt, entfernen Sie nur die Blütenstände der früh abgeblühten Rosen, die anderen lassen Sie stehen, sonst gibt es im Herbst keine Hagebutten.

Beetrosen schneiden

Unter Beetrosen verstehen wir – wie Sie vielleicht bereits gemerkt haben – Tee-Hybriden und Polyantha- bzw. Floribunda-Rosen. Beetrosen müssen Jahr für Jahr stark beschnitten werden. Besonders gilt dies im ersten Jahr. Dies hat den Zweck, den Neuaustrieb möglichst weit unten zu halten, denn diese Rosen sehen schnell staksig aus. Werden sie nicht beschnitten, so bringen sie am Ende nur noch einige wenige, sehr große Blüten auf den staksigen, hohen Trieben hervor. Wollen Sie der Pflanze ein offenes, etwas buschigeres Wachstum verleihen, müssen Sie sich ein Herz nehmen und die Pflanze stark zurückschneiden. Dünne, sich durchbiegende Triebe bringen ohnehin kaum schöne Blüten hervor. Schneiden Sie diese also bis auf zwei oder drei Augen zurück. Achten Sie darauf, dass das Auge unterhalb des Schnitts nach außen weist, damit es keine unschönen, nach innen wachsenden Triebe gibt. Krankes und beschädigtes Holz wird herausgenommen. Wenn Sie Triebe bis auf die Basis zurückschneiden, sollten Sie den Zweig am tiefstmöglichen Punkt entfernen, denn sonst haben Sie nach ein paar Jahren Beschnitt eine Basis voller hässlicher Stummel. Nach der Blüte im Herbst schneidet man Beetrosen nur wenig zurück, damit sie besser aussehen und in den Winterstürmen nicht so leicht abbrechen.

Hochstammrosen

Es gibt drei Formen von Hochstammrosen: Zwergstämme, normale Hochstämme und Kaskaden- oder Trauerrosen. Sie unterscheiden sich in der Art der auf den Stamm veredelten Rose und in der Höhe. Kaskaden- oder Trauerrosen sind auf Stamm veredelte Kletterrosen. Natürlich sind diese Hochstämme höher als andere, nämlich 140 cm. Als Zwergstamm bezeichnet

Tee-Hybriden und Floribunda-Rosen müssen Jahr für Jahr stark zurückgeschnitten werden, sonst gibt es nur an den Triebspitzen Blüten.

man Miniatur- oder Beetrosen, die auf einen 50 cm hohen Stamm veredelt wurden. Für den Schnitt bedeutet das, dass man im Wesentlichen den Richtlinien folgt, nach denen man die veredelte Rose schneiden würde. Ein Bonica-Zwergstamm wird geschnitten wie eine Beetrose, ein Madame-Hardy-Hochstamm wie eine einmalblühende Strauchrose. Die einzige Ausnahme bilden hier die Kaskaden- oder Trauerrosen, denn in diesem Fall sollen die Zweige kaskadenartig nach unten fallen, statt an einem Gerüst nach oben zu wachsen, wie dies bei einem normalen Rambler der Fall wäre. Es gibt verschiedene Methoden, wie man die Rose zu dieser Wuchsform erziehen kann: Sie können einen so genannten „Rosenschirm" kaufen, den Sie auf Ihren Stützstab stecken. Dieser ist geformt wie ein aufgespannter Schirm, über den sich die Rose sehr gut ziehen lässt. In der Theorie sollte die Rose den Schirm bald verdecken, doch in der Wirklichkeit will die Pflanze meist nicht so wie der Erfinder des Rosenschirms. Bis es endlich so weit ist, was Jahre dauern kann, sieht die Rosenkaskade meiner Ansicht nach nicht besonders gut aus. Bei der zweiten Methoden umgeben Sie die Trauerrose mit mehreren Stäben und ziehen in unterschiedlicher Höhe zwei oder drei Drahtringe herum, an denen Sie die Zweige festbinden. Auch dies sieht nicht besonders gut aus, hat aber zumindest den Vorteil, dass dieses Hilfsgerüst abgebaut werden kann, sobald die Zweige von selbst in ihrer Position bleiben. Die weitaus beste Methode ist meiner Ansicht nach das Anbinden der Zweige an den Stützstab. Benutzen Sie dazu sehr weiches Bindeband, das von den Zweigen gewöhnlich verdeckt wird. Auf diese Weise wirkt die Kaskade weniger „erzwungen".

Für welche Methode Sie sich auch entscheiden mögen, wichtig ist, dass Sie die Zweige gleichmäßig über alle Seiten ziehen. Normalerweise wird die Ramblerrose an drei Stellen auf den Stamm okuliert, um eine einigermaßen gleichmäßige Verteilung der Zweige sicherzustellen, doch manchmal wurden auch nur zwei Augen auf den Stamm veredelt. In diesem Fall müssen Sie mehr Energie in die Erziehung der Rose stecken. Ich würde Ihnen nicht empfehlen, eine Hochstammrose zu kaufen, die nur mit einem Auge auf den Stamm okuliert wurde, doch ein erfahrener Rosengärtner kann sogar aus solch einer Pflanze einen Hochstamm mit gleichmäßigem Bewuchs erziehen.

Wenn Sie eine Hochstammrose schneiden oder erziehen, sollten Sie die Gelegenheit nutzen, um die Bänder zu überprüfen, welche den Stamm mit seiner Stütze verbinden. Sitzen sie auch nicht zu fest oder zu locker? Keinesfalls darf das Bindeband am Stamm reiben, denn dann sitzt es auf jeden Fall zu locker. Ein normaler Hochstamm sollte mit wenigstens zwei Bändern an der Stütze gesichert werden, eine Kaskadenrose eher mit drei.

Damit die Zweige einer Trauerrose schön nach unten fallen, sollten sie am Stützstab festgebunden werden. Je kräftiger die Zweige sich entwickeln, desto weniger ist das Bindeband zu sehen.

Hecken und Rosen mit überhängendem Wuchs

Da Hecken oder große Beete mit Rosen von überhängendem Wuchs meist zahllose Triebe aufweisen, ist es viel zu aufwändig, sie Zweig für Zweig zu beschneiden. Sie können ruhig ein wenig oberflächlicher darüber gehen oder sie gar mit der Heckenschere zuschneiden. Achten Sie jedoch auf die vielen stachligen Stücke, die bei dieser Schnittmethode durch die Luft fliegen, und besorgen Sie sich eine gute Schutzbrille. Die meisten Rosenhecken bestehen aus Rugosa-Rosen, die ein sehr schönes Herbstlaub und leuchtend rote Hagebutten zeigt. Wenn Sie jedoch eine saubere, gerade Hecke wollen, müssen Sie die Pflanze so schneiden, dass sie oben schmaler ist als unten. Da der Austrieb oben immer stärker ist als unten, wird die Pflanze, wenn sie zu blühen beginnt, eine einigermaßen lotrecht wirkende Fläche zeigen. Schneiden Sie die Hecke immer auf die Höhe der niedrigsten Pflanze zu, damit sie von oben gerade wirkt.

Das Entfernen abgeblühter Blütenstände

Durch das Entfernen abgeblühter Blütenstände unterstützen Sie die Natur in ihrem Werk, denn auch sie lässt die abgeblühten Blüten absterben. Die Blüte nicht Hagebutten tragender Sorten stirbt normalerweise mit der Triebspitze – also mit allem, was oberhalb der am höchsten sitzenden Blattachsel liegt – ab und fällt zu Boden.

Wenn Sie diesen Part übernehmen, wird der Neuaustrieb beschleunigt. Es gibt zwei unterschiedliche Methoden, wie man diese Arbeit am besten vornimmt. Eine ist erprobt und für gut befunden, die zweite ist – jedenfalls aus meiner Sicht – noch nicht ausreichend erprobt worden. Bei der ersten Methode wählen Sie die erste

Blattachsel unterhalb der abgeblühten Blüte aus, die nach außen zeigt, und schneiden alles weg, was darüber liegt. Das Auge, das in der Blattachsel verborgen liegt, treibt dann aus und bringt neue Blüten hervor. Der Vorteil dieser Methode liegt darin, dass Sie auch im Sommer die Wuchsform der Pflanze kontrollieren können.

Die neue, von einigen Rosenzüchtern empfohlene Methode bietet keine derartigen Möglichkeiten, weil man dabei weniger vom Trieb entfernt. Man schneidet den Blütenkopf am Trenngewebe ab, einer leichten Ausbuchtung des Triebes, die sich normalerweise über dem am höchsten sitzenden Blatt dieses Triebes findet. Es heißt, dass eine Pflanze umso besser wachse, je mehr Laub sie besitze. Für die Rose hieße das, dass sie den nächsten Blütenflor schneller hervorbringt und auch einen reicheren Blütenansatz zeigt. Ich persönlich werde diese Methode baldmöglichst ausprobieren.

Ein Blütenstand mit mehreren Einzelblüten wird genau über einer tiefer liegenden, nach außen weisenden Blattachsel abgetrennt.

Wildtriebe

Während der Wachstumsphase können sich aus der Unterlage, auf die Ihre Rose veredelt wurde, Wildtriebe bilden. Ist die Pflanze durch Okulieren entstanden, dann kommen diese kräftigen, grünen Triebe aus dem Wurzelstock und sind folglich keine Triebe der veredelten Pflanze. Wurde die Pflanze hingegen aus einem Setzling gezogen, steht also auf der eigenen Wurzel, dann handelt es sich bei den tiefer liegenden Trieben nicht um Wildtriebe. Dies auseinander zu halten ist mitunter gar nicht so einfach. Die alte Hausregel, nach der Wildtriebe sieben Fiederblättchen an einem „Blatt" haben, veredelte Triebe hingegen nur fünf, ist ein Märchen, denn das hängt ganz von den verwendeten Arten und Sorten ab. Viele Strauch-, Kletter- und Ramblerrosen zeigen sieben Fiederblättchen. Wenn Sie genau wissen, dass die Rose durch Okulieren entstanden ist, dann müssen Sie den Trieb ohnehin bis zu seinem Ursprung zurückverfolgen, um festzustellen, ob Sie es mit einem Wildtrieb zu tun haben. Kratzen Sie die Erde weg und sehen Sie nach, ob der Trieb von unterhalb oder oberhalb der Veredelungsstelle (der knubbligen Stelle zwischen Zweigen und Wurzeln) kommt. Im ersten Fall ist es ein Wildtrieb, im

Wenn der Stamm einer Hochstammrose austreibt, müssen die Triebe möglichst sauber entfernt werden.

Wenn Sie einen Wildtrieb entfernen, gehen Sie ihm nach Möglichkeit bis zum Ursprung nach und nehmen Sie ihn sauber und vorsichtig ab.

zweiten ein tief angesetzter, normaler Trieb. Wenn Sie immer noch nicht sicher sein können, vergleichen Sie Blätter und Dornen mit etwa gleich alten anderen Trieben. Zeigen die Blätter dieselbe Farbe und Beschaffenheit? Wie viele Stacheln sehen Sie und ähneln diese denen am oberen Teil der Rose? Wächst der Trieb kraftvoller oder etwa so wie der Rest der Rose? Holen Sie die Meinung eines anderen Gartenfreundes ein, wenn Sie immer noch nicht sicher sind.

Wildtriebe sollten entfernt werden, sobald man sie zweifelsfrei erkannt hat, weil sie der Pflanze sonst zu viel Energie rauben. Lässt man sie stehen, dann verdrängt der kraftvolle Austrieb aus der eigenen Wurzel bald die veredelte Pflanze. Er wird immer stärker, bis die veredelte Rose allmählich abstirbt.

Verfolgen Sie den Wildtrieb bis zu seinem Ursprung. Schieben Sie den Daumen zwischen den Wildtrieb und die Wurzel und ziehen Sie ihn nach unten ab. Sie sollten den Trieb möglichst vollständig entfernen, da er sonst erneut austreibt. Die Rosengärtner früherer Zeiten besaßen dafür ein besonderes Werkzeug, das man „Schäleisen" nannte. Es hatte einen langen Griff. Man setzte es direkt über dem Trieb an und schälte ihn durch den ausgeübten Druck vollkommen ab. Möglicherweise geht ein Teil der Wurzeln mit. Dann haben Sie eine neue Pflanze für einen anderen Platz im Garten oder ein Geschenk für einen Gartenfreund (siehe Seite 69).

Vermehrung

1. Das Veredelungsreis wird sorgfältig von einem Stück knospenden Holzes gewonnen, indem man das Auge ausschneidet.
2. Dann schneidet der Okulierer das Rindenstück auf die richtige Länge zu.
3. Das Mark wird entfernt.
4. Nun können Sie das Auge auch von der anderen Seite sehen.

Es gibt verschiedene Wege, Rosen zu vermehren. Einige sind recht kompliziert, andere können auch im normalen Hausgarten durchgeführt werden.

Okulieren

Diese Methode wird meist von kommerziellen Rosenzüchtern eingesetzt. Man braucht dazu nicht viel Ausgangsmaterial. Die Methode ist außerdem sehr erfolgreich und bringt zahlreiche, kräftige Pflanzen hervor. Der Prozess verlangt einige Geschicklichkeit. Anfangs hat man vielleicht das Gefühl, viel zu dicke und zu grobe Finger zu haben, doch mit ein wenig Übung gelingt das Okulieren auch normalen Gärtnern.

Da das Okulieren im Frühsommer bzw. Sommer stattfindet, muss man dabei auch einigermaßen schnell sein, weil das Veredelungsreis sonst austrocknet. In kommerziellen Rosenschulen gibt es daher meist ein Team von Okulierern. Manche allerdings setzen sozusagen „Wanderarbeiter" ein, professionelle Okulierer, die nur für die Zeit der Okulation eingestellt werden. Solche Leute okulieren viele tausend Rosen an einem Tag.

Die Rosenstöcke für die Unterlage werden im Winter vor der Okulation gepflanzt. Gewöhnlich

handelt es sich um Sämlinge einer Art, die für ihre guten Wurzelqualitäten und ihren kräftigen Wuchs bekannt ist wie zum Beispiel *Rosa laxa*, die heute den Wurzelstock für die meisten veredelten Rosen liefert. Viele tausend Rosenstöcke werden da in Reihe gepflanzt – normalerweise mechanisch. Die Rosenstöcke werden angehäufelt, damit die spätere Okulationsstelle geschützt ist und weich bleibt. Dann dürfen die Rosen in der Erde verwurzeln und sich etablieren, bis im Sommer das Okulieren beginnt.

Wann mit dem Okulieren begonnen wird, hängt vom Entwicklungszustand des Vermehrungsmaterials und der Unterlagen ab. Zunächst einmal schneidet man das Veredelungsmaterial: 30 cm lange Triebstücke von Bleistiftdicke, die reif, aber noch nicht alt sind. Von diesen Triebstücken entfernt man zuerst die Blätter. Nur die Blattstiele bleiben stehen. Damit sich dies alles leichter bewerkstelligen lässt, werden die Stacheln entfernt. Dann ist das Triebstück bereit für den Okulierer. Alle so behandelten Triebstücke legt man in einen Eimer mit Wasser, bis sie gebraucht werden.

Auf dem Feld hebt man die Rosenstöcke mit dem Traktor an, damit die Basis der Unterlage offen liegt. Der Okulierer setzt mit dem Okuliermesser einen T-förmigen Schnitt in die Rinde der Unterlage. Dann hebt er die Rinde mit der Rückseite des Messers ab, wobei er darauf achten muss, das Mark nicht zu beschädigen. Dann nimmt er eines der vorbehandelten Triebstücke und schneidet das Edel- oder Pfropfreis: Er entfernt ein Auge mit dem scharfen Okuliermesser, dann entfernt er das Mark aus der Rinde, sodass das Auge auch von der Rückseite her sichtbar wird. Verbirgt sich unter dem Blattansatz kein Auge, wird das Triebstück aussortiert. Hat man erst einmal ein Auge, so schiebt man dieses in den T-förmigen Schnitt auf der Unterlage, und zwar so, dass der Blattansatz nach außen zeigt. Die restliche Rinde über dem Auge schneidet man weg. Dann verschließt man den „gefüllten" T-Schnitt mit Latexband oder Bast.

Man sieht recht schnell, ob das Auge sich verpflanzen ließ oder nicht. Wenn es mit dem Gewebe des Wurzelstocks verschmolzen ist, wird es immer dicker. In diesem Stadium löst der Okulierer das Latexband und sieht nach, ob die Veredelung geklappt hat. Sollte es bei einer

5. **Die Unterlage wird vorbereitet.**
6. **Man setzt zuerst einen horizontalen Schnitt in der Rinde.**
7. **Dann vervollständigt man diesen durch einen vertikalen Schnitt, sodass man den gewünschten T-Schnitt erhält.**
8. **Das Veredelungsreis wird sauber in den Schnitt eingefügt.**
9. **Sobald es richtig sitzt, schneidet man das überzählige Stück Rinde vom Veredelungsreis ab.**
10. **Man überzieht die frische Wunde mit einem Latexstreifen, der das Veredelungsreis schützt, bis es mit der Rinde verwachsen ist.**
11. **Nun beginnt das Auge auszutreiben. Der Latexstreifen fällt ab.**

9

10

11

Sorte erhebliche Ausfälle geben, werden die Unterlagen nicht selten neu veredelt. Allerdings wird dann der T-Schnitt neu auf der anderen Seite des Wurzelstocks angesetzt.

Im Herbst hat sich das Auge zu einem schönen Trieb entwickelt, den man beschneidet, damit er sich verzweigt. Später wird der obere Teil der Unterlage weggeschnitten. Man setzt den Schnitt genau über der Veredelungsstelle an. Nun konkurrieren die Unterlage und die veredelte Pflanze nicht mehr um Nährstoffe. Im folgenden Sommer haben Sie eine junge Rose, die auf dem Feld wächst, bevor sie im Herbst ausgegraben wird. Vermutlich kann der Züchter auch Veredelungsmaterial für die nächste Rosengeneration aus ihr schneiden.

Das Okulieren im Hausgarten unterscheidet sich in nichts von dem beim Züchter, wenn man vom Ausmaß der Okulierarbeit einmal absieht. Unterlagen bekommen Sie bei jedem Züchter, doch das Veredelungsmaterial müssen Sie sich selbst besorgen. Vielleicht schneiden Sie Triebstücke von eigenen Pflanzen oder bitten Freunde bzw. Nachbarn darum, wenn diese eine Rose haben, die Ihnen gefällt, die es aber aus irgendeinem Grund nicht mehr zu kaufen gibt. Achten Sie darauf, dass das Okuliermesser sauber ist. Wenn Sie die beim Züchter üblichen Latexbänder nicht bekommen, schützen Sie die Veredelungsstelle mit Bast, den Sie um die obere und untere Seite des T-Schnittes winden.

Wenn Sie eine Rose okulieren möchten, aber Ihren Fähigkeiten misstrauen, bitten Sie doch einen Rosenzüchter darum. Viele zeigen sich gerne bereit, ein paar Rosen für Sie mitzuokulieren, und berechnen Ihnen dafür nicht mehr, als eine Rose dieses Typs Sie im Normalfall kosten würde.

Pfropfen

Es gibt einige Arten, die sich nicht gut veredeln lassen. Diese werden dann gepfropft. Auch hier wird einer Unterlage ein Pfropfreis aufgesetzt, sodass beide zusammen eine Pflanze bilden. Pfropfen verlangt eine gewisse Geschicklichkeit, die man nur durch Übung gewinnt. Ob Sie damit Erfolg haben, hängt letztlich von den erworbenen Fähigkeiten ab. Wie beim Veredeln wird auch hier eine wüchsige Unterlage gewählt, welche die veredelte Pflanze besser gedeihen lässt. Auch hier ist die am häufigsten verwendete Unterlage *Rosa laxa*, die meist aus Samen gezogen wird.

In der Wintermitte legt der Rosenzüchter etwa fünfzig Jungpflanzen der Unterlage im Bündel in feuchten, aber sterilen Torf ein, um das Wurzelwachstum anzuregen. Dort bleiben die Stöcke etwa zwei bis drei Wochen, bis das Pfropfen beginnt. Dann wird das Bündel geöffnet und jeder Stock für sich bearbeitet. Man schneidet die oberen Pflanzenteile etwa 5 cm über der Wurzel ab. Dann setzt man auf einer Seite einen vertikalen Schnitt nach unten an. Das Pfropfreis kommt vom einjährigen Holz und ist etwa 10 cm lang. Oben und unten zeigt es je eine schräge Schnittfläche. Unten wird das Pfropfreis einmal in derselben Länge eingeschnitten wie der Wurzelstock. Dann steckt man die beiden Teile so ineinander, dass das kleinere Stück vom Wurzelstock innerhalb des Pfropfreises zu liegen kommt. Letztlich geht es darum, das Kambium, die Wachstumsschicht, beider Pflanzen so ineinander zu verzahnen, dass sie zusammenwächst. Am Ende wird die offene Wunde mit Bast oder Latexband umwickelt. In diesem Fall wird das „Päckchen" mit Wachs versiegelt, um sicherzustellen, dass die relativ großen Schnittstellen nicht austrocknen. Auch die obere Schnittfläche des Pfropfreises wird versiegelt.

Dann wird die frisch gepfropfte Pflanze mit einem Stützstab gesichert und in einen Topf gesetzt. Innerhalb des nächsten Jahres verbleibt sie im geheizten Gewächshaus. Während dieser Zeit werden Bast bzw. Latexband abgenommen, damit die Pflanze unbehindert wachsen kann. Sobald die Pflanze ein Jahr alt ist, kann sie in den Container gesetzt oder nach draußen verpflanzt werden, je nachdem, ob sie im Sommer

Stecklinge werden den Sommer über in Töpfe gesetzt, können aber auch in der Gartenerde gezogen werden.

als Container-Rose oder im Herbst als wurzelnackte Ware verkauft werden soll.

Es gibt noch andere Pfropftechniken, doch die eben beschriebene ist die im Rosenbau am häufigsten verwendete Methode. Meist unterscheiden sie sich nur durch die Art, wie der Pfropfschnitt angesetzt wird. Denn im Prinzip geht es immer um dasselbe: Das Kambium beider Pflanzen muss so zusammengebracht werden, dass es verschmilzt.

Rosen aus Stecklingen vermehren

Kommerzielle Rosenzüchter setzen nur selten auf die Stecklingsmethode zur Vermehrung ihrer Rosen. Zum einen braucht man im Vergleich mit dem Okulieren Unmengen von Vermehrungsmaterial (ein Steckling trägt gewöhnlich fünf oder noch mehr Augen), zum anderen wächst die so entstandene Rose langsamer und zeigt auch nicht die Stärke der durch Okulieren gewonnenen Pflanzen. Trotzdem kann es sinnvoll sein, eine Rose auf eigener Wurzel zu züchten. Da nicht jeder Gärtner sich im Okulieren versuchen will, ist dies die gängigste Methode der Rosenvermehrung im Hausgarten.

Für Rosen sind Stecklinge aus ausgehärtetem Holz am besten. Warten Sie also auf jeden Fall bis zum Herbst, bis das Holz ausgereift ist. Ein Steckling sollte im Grunde aussehen wie ein Bleistift. Dieser Vergleich mag zwar seltsam wirken, doch er trifft die Tatsachen ziemlich genau. Das Triebstück sollte möglichst gerade gewachsen und etwa so lang bzw. dick wie ein Bleistift sein. Schneiden Sie es nach Möglichkeit nicht kürzer. Setzen Sie den oberen Schnitt über einem Auge an und lassen Sie ihn leicht schräg – vom Auge weg – auslaufen. Den unteren Schnitt sollten Sie deutlich unterhalb eines Auges ansetzen. Was dieses untere Auge angeht, so gibt es zwei Möglichkeiten: Sie können das Auge sauber abschälen, dann wird mehr vom Kambium entblößt.

Da aus dieser Region die Wurzeln hervorgehen, kann das sinnvoll sein. Viele Züchter meinen allerdings, dies sei nicht nötig. Ich habe beide Methoden erfolgreich angewendet, neige aber tendenziell eher dazu, das Auge nicht zu entfernen. Schließlich wird daraus ein neuer Trieb sprießen, der sehr weit unten sitzt. Doch für welche Methode Sie sich auch immer entscheiden mögen, Sie sollten auf jeden Fall ein Bewurzelungspräparat verwenden, das die Wurzelbildung fördert.

Heben Sie in einem geschützten Teil des Gartens, in dem der Boden guten Wasserabzug aufweist, eine Furche aus, in welcher die Stecklinge bis zur Hälfte versenkt werden können. Den Grund des Loches bedecken Sie mit Sand. Das fördert die Bewurzelung. Nun verteilen Sie die Stecklinge in regelmäßigen Abständen in der Furche. Füllen Sie diese mit Erde auf, klopfen Sie die Erdoberfläche fest und gießen Sie reichlich. Wenn Sie im Garten keinen geeigneten Platz finden, setzen Sie die Stecklinge in einen Topf mit einer Mischung aus Erde und Sand zu gleichen Teilen. Stellen Sie sie dann an einen kühlen Ort ins Gewächshaus oder ins belüftete Frühbeet. Im darauf folgenden Frühjahr haben die Stecklinge Wurzeln geschlagen und sind zu hübschen Pflänzchen herangewachsen. Lassen Sie sie an ihrem Platz ausreifen bis zum Herbst. Wenn sie in die Ruhephase eingetreten sind, können Sie sie herausnehmen und an ihren endgültigen Standort versetzen.

Stecklinge können auch im Sommer aus weicherem Holz geschnitten werden, doch diese brauchen ganz entschieden mehr Pflege. Sie sollten etwas kürzer sein als Stecklinge aus ausgehärtetem Holz, also höchstens eine Länge von 10 cm aufweisen. Schneiden Sie sie genauso wie oben beschrieben: unmittelbar unter einem Auge am unteren Ende und unmittelbar über einem Auge am oberen. Entfernen Sie alle Blätter bis auf die beiden obersten Blattstiele. Auch diese kürzen Sie auf höchstens zwei Fiederblättchen ein, um den Wasserverlust möglichst zu reduzieren. Tauchen Sie die untere Schnittfläche in ein Bewurzelungspräparat und setzen Sie den Steckling in einen Topf mit einem Substrat, das zu gleichen Teilen aus Erde und Sand gemischt ist. Achten Sie darauf, das zarte Holz nicht zu zerstören. Gießen Sie den Setzling und bedecken Sie den Topf dann mit einer Plastiktüte, die Sie mit einem Gummiband festmachen. In diesem feuchten Kleinklima sollten die Wurzeln gut gedeihen. Setzen Sie den Topf in eine flache Schale mit Kies, den Sie zuvor ordentlich gewässert haben. Nun müssen Sie nur noch dafür sorgen, dass das Wasser in der Schale niemals ausgeht. Auf diese Weise kann die Erde im Topf Wasser ansaugen, ohne zu nass zu werden. Im Herbst sollte sich ein Wurzelsystem entwickelt haben, das vermutlich noch nicht besonders stark ist. Nun können Sie den Steckling in einen Topf mit nahrhafterer Erde umsetzen, wo er während des folgenden Frühjahrs und Sommers aushärten kann. Im Herbst darauf ist er sicher groß genug, um seinen Standort im Garten einzunehmen.

Der Vorgang des Absenkens
1. **Der Zweig wird nach unten gesenkt und mit einem Haken im Erdreich befestigt.**
2. **Treten Sie den Haken mit dem Schuh fest ein.**

Absenken

Diese Methode ist mitunter ausgesprochen effektiv und darüber hinaus auch noch sehr einfach durchzuführen. Allerdings kann sie nur bei Rosen mit langen, bogig überhängenden Trieben angewandt werden, die man auf den Boden herabziehen kann. Aus diesem Grund ist diese Methode auch nicht sehr verbreitet.

Wählen Sie einen Trieb aus, der etwa ein Jahr alt ist. Senken Sie ihn so auf den Boden ab, dass er – 30 cm von der Triebspitze entfernt – auf dem Erdreich zu liegen kommt. Markieren Sie nun die Stelle, an der Sie den Zweig verankern wollen, und lassen Sie ihn in seine ursprüngliche Position zurückgleiten. An der markierten Stelle ziehen Sie eine schmale Furche. Nun ziehen Sie den Zweig wieder herab und sichern die gewünschte Stelle am Trieb mit einem Haken im Erdreich. Wenn Sie möchten, können Sie am tiefsten Punkt die Rinde einschneiden, um das Wurzelwachstum aus dieser Stelle zu fördern. Schütten Sie die Furche mit Erde auf. Sie müssen nur noch warten, bis der Zweig bewurzelt.

Das Absenken nimmt man am besten im Frühjahr vor, wenn die Pflanze voll im Wachstumsprozess steckt. Sie können sicher sein, dass der Trieb Wurzeln geschlagen hat, wenn die überstehende Triebspitze weitertreibt. Vergewissern Sie sich, indem Sie ein wenig Erde wegkratzen und unterhalb des Hakens nach Wurzeln tasten. Sobald der Trieb bewurzelt ist, kann er von der Mutterpflanze getrennt werden. Lassen Sie die neue Rose noch ein wenig reifen, bevor Sie sie an ihren endgültigen Standort setzen. Für ein Umpflanzen in Töpfe bzw. Container sollten Sie die nächste Ruhephase abwarten.

Teilen

Vermehrung durch Teilen der alten Pflanze ist eine Methode, die gewöhnlich den Stauden vorbehalten bleibt. Bei Rosen ist sie eher unüblich. Das liegt daran, dass nur die wenigsten Rosen auf eigener Wurzel stehen. Neue Triebe aus dem Wurzelstock sind daher immer Wildtriebe aus der Unterlage und folglich nicht dieselbe Pflanze, die Sie über dem Erdboden sehen. Wurzelechte Rosen aber lassen sich durchaus durch Teilung vermehren.

Daher findet man auch immer wieder Alba-, Rugosa- und andere „alte" Rosensorten wild in Gärten wachsen. Der Wurzelstock der Pflanze ist noch vorhanden, war aber zu schwach, sodass die Pflanze abgestorben ist. Und plötzlich treibt er wieder durch und bringt eine schöne Rose hervor. Diesen Trieb können Sie mit einem Teil der Wurzel während der Ruhephase aus dem Erdreich nehmen und an eine andere Stelle des Gartens verpflanzen oder eintopfen und einem Freund schenken.

Mikro-Vermehrung

Die Mikro-Vermehrung ist eine Methode, die sich vermutlich in der Zukunft immer mehr durchsetzen wird. Andererseits ist es unwahrscheinlich, dass sie je bei Gärtnern in Mode kommt, denn bei der Mikro-Vermehrung geht es um Gewebekultur, die ein Arbeiten unter keimfreien Laborbedingungen voraussetzt. Dabei entnimmt man Zellen von der Blattspitze der Rose. Diese werden im Reagenzglas in Anzuchtflüssigkeit zu steter Zellteilung angeregt, sodass sie neue Pflänzchen hervorbringen. Sobald diese groß genug sind, werden sie aus der Zellkultur entlassen und in Erde gesetzt.

Ein frisch gekeimter Rosensämling

Bis sich die Mikro-Vermehrung durchgesetzt hat, könnte durchaus einige Zeit vergehen. Das liegt vor allem daran, dass viele Rosen auf eigener Wurzel nicht so gut wachsen wie auf fremder Unterlage, was ja der eigentliche Grund für Maßnahmen wie Veredeln oder Pfropfen ist. Nichtsdestotrotz kann die Methode bei wurzelechten Pflanzen eingesetzt werden. Und wer weiß schon, ob nicht eines Tages alle Pflanzen auf diese Weise vermehrt werden. Künftige Generationen von Rosenzüchtern brauchen dann vielleicht eine wissenschaftliche Ausbildung.

Rosen aus Samen

Die meisten Gartenrosen bleiben nicht sortenecht, wenn man sie aus Samen zieht. Für Wildrosen gilt das sehr wohl. Wurden sie von Bienen oder anderen Insekten befruchtet, dann entsteht eine Kreuzung. Das muss nun nicht heißen, dass sie sich von den Elternsorten unterscheiden, doch natürlich ist dies nicht selten der Fall.

Wenn Sie dies vermeiden wollen, dann müssen Sie die Pflanze oder zumindest die Blüte, von der Sie Samen abnehmen wollen, isolieren. Steht die Pflanze im Topf, dann stellen Sie sie an einem Ort auf, der so weit als möglich von den anderen Rosen entfernt liegt. Ist dies nicht möglich, dann setzen Sie zwei oder drei Blüten Papierhütchen auf, um äußere Einflüsse abzuwehren, bis die Blüten ihre Kronblätter verloren haben. Rosenzüchter arbeiten unter Glas oder in einem Plastiktunnel, um das Reifen der Hagebutten zu beschleunigen. Da sich dies im Garten schlecht nachahmen lässt, kann es sein, dass Sie nur von früh blühenden Sorten brauchbaren Samen abnehmen können.

Sobald die Samenkapseln, das heißt die Hagebutten, reif sind, werden sie im Frühherbst vom Strauch abgesammelt, um die Samen zu gewinnen. Die Hagebutte enthält meist mehrere Samen. Diese werden in beschrifteten Tütchen bei Raumtemperatur sechs Wochen lang gelagert. Dann dürfen sie noch einmal sechs Wochen bei wesentlich niedrigeren Temperaturen (1–3° Celsius) ruhen. Diese Temperatur herrscht beispielsweise im unteren Teil des Haushaltskühlschranks oberhalb des Gemüsefachs.

Nach dieser Lagerzeit sind die Samen reif. Mischen Sie Gartenerde und Sand zu gleichen Teilen. Der Sand hilft, die äußere Schale der Samen mürbe zu machen, sodass sie aufbricht. Säen Sie die Samen nicht tiefer als 1 cm unter der Erdoberfläche. Wenn Sie in Ihrem Gewächshaus eine beheizbare Bank haben, dann sollten Sie die Temperatur auf 12–16° Celsius stellen, um den Keimprozess entsprechend zu beschleunigen. Bei einer Temperatur von 28° Celsius kommt die Keimung zum Stillstand.

Die Keimlinge haben zwei gerundete Blätter, die beinahe sukkulent wirken. Warten Sie bitte, bis sich echte Blätter gebildet haben, bevor Sie den Sämling umtopfen. Setzen Sie die Sämlinge in möglichst kleine Töpfe, damit sie nicht zu viel Wasser abbekommen. Sie sollten in einem Substrat aus Gartenerde stehen, wo sie weiter wachsen dürfen bis zum nächsten Sommer. Erst dann können sie in neue Töpfe oder in den Garten umgesetzt werden.

Professionelle Rosenzüchter ziehen Rosen nur selten aus Samen, weil das ziemlich zeitaufwändig und das Resultat so wenig vorhersagbar ist. Die einzige Ausnahme zu dieser Regel ist die Anzucht von Veredelungsunterlagen und das Züchten neuer Rosen. Bei Veredelungsunterlagen sinkt durch die Sämlingsanzucht die Gefahr der Virusinfektion.

Rosenzucht

Alle Rosenschulen führen regelmäßig neue Sorten ein, ob sie diese nun selbst gezogen oder von einem anderen Züchter erhalten haben. Das hat vor allem zwei Gründe: Zum einen will der Kunde stets neue, verbesserte Rosen. Auch wenn jeder Rosenfreund seine eigenen Vorstellungen von Perfektion hat, so sind die Züchter doch stets bestrebt, im Hinblick auf bestimmte Rosenqualitäten wie Duft oder Krankheitsresistenz das Beste zu schaffen. Der zweite Grund ist einfach Werbung und Publicity: Die meisten Rosen werden nach berühmten Persönlichkeiten benannt, die dann zur Taufe kommen. Die Einnahmen aus dem Verkauf der Rose werden häufig an wohltätige Organisationen gespendet.

Rosensämlinge für die Weiterverarbeitung

1

Rosenzucht
1. **Die Blütenblätter der weiblichen Blüte werden entfernt.**

Das zieht wesentlich mehr Aufmerksamkeit auf sich als der schlichte Verkauf älterer Rosen. Von der Publicity der neuen Rose profitieren dann auch die anderen angebotenen Sorten. Außerdem werden neue Rosen dem Publikum meist auf Messen und Ausstellungen vorgestellt, auf denen natürlich auch andere Züchter vertreten sind. Die freundschaftliche Konkurrenz zwischen den Rosenzüchtern tut noch ein Übriges, um sie zu neuen Höchstleistungen anzuspornen.

Die Kreuzung von Rosen ist eine recht komplexe Angelegenheit, da es die Gesetze der Genetik sind, die den Erfolg des Züchters diktieren. Doch lassen Sie sich nicht entmutigen: Sie können auch ohne viel genetisches Wissen ausgezeichnete Resultate erzielen. Dies ist vielleicht sogar die beste Methode. Man kann Wochen damit zubringen, über die Stammbäume der Rosen zu reflektieren und ihren Chromosomen auf die Spur zu kommen. Man kann aber auch einfach frisch drauflos kreuzen, denn der Großteil der erzielten Sämlinge wird Ihre Hoffnungen zunächst einmal enttäuschen, vor allem, wenn man bedenkt, wie viel Zeit man aufgewendet hat, um das passende Elternpaar zu finden. Ich persönlich bin ein eher praktisch veranlagter Mensch und so halte ich mich an das Sprichwort: Probieren geht über Studieren. Ich weiß so einiges über das Erbgut der einen oder anderen Rose. Bei der Auswahl eines Elternpaares lasse ich mich aber auch von der Intuition leiten, vom Anblick dieser unglaublichen Schönheiten. Nach einiger Zeit bekommen Sie ein Gespür dafür, welche Sorten zusammenpassen könnten, welche gut Hagebutten ansetzen, welche gut keimen und so weiter.

Die meisten professionellen Züchter verfügen über ein Gewächshaus oder einen Tunnel, in dem jene Pflanzen untergebracht sind, die man für die Zucht vorgesehen hat. Es ist auf jeden Fall besser, die Rosen abzuschirmen, denn die Hagebutte braucht ja einige Zeit, um sich zu entwickeln. Je wärmer die Pflanzen stehen, desto früher können Sie mit der Arbeit beginnen, da

2

2. **Mit einem Messer oder einer Nagelschere werden die Staubgefäße abgeschnitten.**

in diesem Klima die Hagebutten natürlich eher heranreifen. Außerdem lassen sich Schädlinge und Krankheiten in einem abgeschlossenen Raum natürlich besser unter Kontrolle halten. Andererseits können gerade Wärme und mangelnde Belüftung vermehrt zum Auftreten von Schädlingen bzw. Krankheiten führen. Halten Sie also die Augen stets offen!

Gewöhnlich werden die Rosen in große Töpfe gepflanzt und stehen in einem Substrat aus Gartenerde. Nur gelegentlich pflanzt man sie direkt in die Erde. In diesem Fall kann es Probleme mit überwinterten Schädlingen bzw. Krankheiten geben. Außerdem können die Rosen wegen des für sie charakteristischen Phänomens der Bodenermüdung nicht einfach gegen andere ausgetauscht werden.

Alle Rosen, die zur Zucht dienen sollen, müssen gut gewässert und ernährt werden. Der Dünger sollte viel Kalium enthalten. Eine Rose, die ums Überleben kämpft, wird kaum Blüten und folglich nur wenige Hagebutten hervorbringen. Außerdem ist sie krankheitsanfälliger, was wiederum den Blütenflor verringert. Achten Sie stets auf Krankheiten bzw. Schädlinge und spritzen Sie nach Möglichkeit vorbeugend, um einen Befall zu verhindern.

Einer der im Gewächshaus am häufigsten anzutreffenden Schädlinge ist die Spinnmilbe. Sie dringt meist im Juli ins Gewächshaus ein und lässt es sich in der trockenen, bewegungsarmen Luft gut gehen. Dabei spinnt sie zarte weiße Gewebe über Hagebutten und Blätter. Wird der Befall zu spät entdeckt, gehen einige oder – im schlimmsten Fall – alle Hagebutten verloren. Auf Seite 76 finden Sie Hinweise zum Umgang mit diesem Schädling.

Die Zuchtrosen sollten im Frühling ins Gewächshaus wandern, damit sie möglichst früh zu blühen beginnen. Wenn Sie mit Pflanzen aus Ihrem Garten arbeiten wollen, ist dies natürlich nicht möglich. Allerdings können Sie über den Pflanzen ein „Gewächshaus" aus Polyäthylen-Platten errichten, um sie zu früherer Blüte

3. **Der Pollen der männlichen Pflanze wird auf die präparierte Blüte aufgebracht – entweder direkt wie hier auf den Fotos oder mit einem Pinsel.**

anzuregen. Je früher die Befruchtung stattfinden kann, desto früher wird die Hagebutte reif. Natürlich brauchen die Pflanzen dann schon im Frühjahr mehr Nährstoffe. Bringen Sie also den Dünger früher als sonst aus.

Sobald die Blüten sich öffnen, kann der Befruchtungsprozess beginnen. Die ausgewählten Blüten an der Mutterpflanze (welche die Hagebutten hervorbringt) sollten sich gerade zu öffnen beginnen, sodass Insekten noch nicht eindringen und sie befruchten konnten. Damit wäre die geplante Kreuzung nämlich hinfällig. Entfernen Sie die Blütenblätter, indem Sie sie mit einem Griff umfassen und ausreißen. Alle farbigen Blätter müssen restlos entfernt werden, da diese gewöhnlich die Insekten anziehen.

Nun müssen Sie die Mutterpflanze ihrer Bestäubungsorgane berauben, um eine Selbstbefruchtung zu verhindern. Sie schneiden sämtliche Staubbeutel restlos ab. Das beste Werkzeug hierfür ist eine kleine, aber scharfe Nagelschere. Erledigen Sie diese Aufgabe so sorgfältig wie möglich, denn wenn nur ein paar Staubbeutel verbleiben, ist Ihre gesamte Arbeit dahin. Lassen Sie die derart vorbereitete Blüte einen Tag lang ruhen. Während dieser Zeit wird die Narbe in Erwartung des Pollens ein klein wenig klebrig. Dies bewirkt, dass der Pollen auf der Narbe kleben bleibt. Es bildet sich eine Pollenröhre, die durch die Narbe in den Fruchtknoten reicht. Dort verschmilzt der Zellkern des Pollens mit einem Zellkern des Fruchtknotens.

Nach 24 Stunden ist die weibliche Pflanze also befruchtet. Der Pollen ist eine Art feines Pulver, das sich auf den Staubgefäßen befindet. Wenn Sie wissen wollen, ob der Pollen auf Ihrer Bestäuberpflanze reif ist, berühren Sie die Staubgefäße leicht mit dem Finger. Reifer Pollen bleibt an Ihrem Finger hängen. Nun gibt es zwei Möglichkeiten, den Pollen auf die Mutterpflanze aufzubringen. Sie können den Pollen absammeln, ihn 24 Stunden lang oder länger bei niedrigen Temperaturen in einem luftdicht verschlossenen Behälter ruhen lassen und ihn

4

4. **Vorsichtig bringt man ein Schild an der bestäubten Blüte an, auf dem die Kreuzung festgehalten ist.**

dann mit einem Pinsel auftragen, sodass die Narbe sichtbar bedeckt ist. Professionelle Züchter sammeln häufig die unreifen Staubgefäße, die von der Mutterpflanze abgeschnitten werden, und bewahren diese in einem Behälter auf, weil normalerweise in den 48 Stunden nach dem Schnitt der Pollen reift und sich ablöst.

Sie können aber auch eine Pflanze mit reifen Pollen auswählen, die Blütenblätter zurückfalten, sodass nur die Staubgefäße sichtbar sind, und mit diesen die Narbe der Mutterpflanze berühren. Diese Methode ist nur dann sinnvoll, wenn Ihnen viele kreuzungswürdige Rosensorten zur Verfügung stehen, sodass jederzeit genug Pollen erhältlich ist. Da ich in der glücklichen Lage bin, viele Rosen in meinem Garten zu beherbergen, ist dies meine Lieblingsmethode, da sie sozusagen nur zwei Stufen umfasst und Sie sich über die Lagerung des Pollens keine Gedanken machen müssen. Außerdem müssen Sie nicht stets eine größere Menge sauberer Pinsel bereithalten.

Sobald Sie so viel Pollen aufgetragen haben, dass eine feine Staubschicht auf der Narbe zu sehen ist, sollten Sie die bestäubte Mutterpflanze beschriften. Halten Sie die Namen beider Elternsorten fest, wobei man gewöhnlich die Mutterpflanze als Erste nennt. Machen Sie sich dies zur Gewohnheit, denn nur so können Sie jederzeit jeden von Ihnen durchgeführten Kreuzungsprozess zurückverfolgen und wertvolle Informationen über das Verhalten der einzelnen Sorten bei der Kreuzung sammeln. Nur so lernen Sie allmählich, die Elternqualitäten der einzelnen Sorten richtig einzuschätzen. Außerdem ist dies Forschungsarbeit, die Sie höchstpersönlich leisten und nicht verloren gehen lassen sollten. Schließlich gibt es auch im Handel zahlreiche ausgezeichnete Sorten, die von Amateuren gezüchtet wurden.

Sobald das Schildchen angebracht ist, heißt es nur noch warten. Manche Pflanzen entwickeln keine Hagebutten. Das kann viele Gründe haben. Vielleicht passten die beiden Roseneltern einfach nicht zusammen, weil ihre Chromosomen zu unterschiedlich waren. Andere mögliche Gründe sind: Krankheiten, Wassermangel, Nährstoffmangel, zu wenig Pollen, schlechtes Wetter und Schädlinge. All dies kann eine Pflanze dazu bringen, die Hagebuttenbildung einzustellen. Erwarten Sie also keine vollkommenen Resultate. Die Rosenzucht ist eine Herausforderung, die viel Geduld verlangt.

Im Frühherbst, etwa 16 Wochen nach der Befruchtung, sollten die Hagebutten reif sein und können geerntet werden. Um diese Zeit haben noch nicht alle Hagebutten ihre Herbstfärbung erreicht, doch wenn sie rund und fleischig sind, sollten sie auf jeden Fall abgenommen werden. Achten Sie darauf, dass bei diesem Vorgang die Schildchen nicht abfallen. Dann bringen Sie die Hagebutten ins Haus oder an einen geschützten Ort, an dem die Samen entfernt werden können. Bei entsprechend vielen Hagebutten kann das zeitaufwändig sein.

Schneiden Sie mit einem scharfen Messer die Hagebutten in zwei Hälften, sodass die Samen offen liegen. Die harten, üblicherweise gerundeten Kerne finden sich in ganz unterschiedlicher Zahl im Fleisch der Hagebutte: von einem bis zu dreißig. Mit einem Messer holen Sie sie heraus und geben sie in ein Sieb. Waschen Sie die Samen unter dem Wasserhahn ab und legen Sie sie mit feuchtem Sand in einen versiegelbaren Plastik-Behälter. Der Sand trägt dazu bei, die Oberfläche aufzurauen und die äußere Schale des Samens aufzubrechen. (In der freien Natur erledigen viele verschiedene Mechanismen diese Aufgabe. Einer davon ist der Frost. So stellt die Natur sicher, dass der Samen über einen längeren Zeitraum hinweg keimt.) Nur so kann sich der Sämling entwickeln. Lagern Sie die Samen etwa sechs Wochen lang bei Raumtemperatur ein und lassen Sie sie dann noch einmal sechs Wochen bei 1–3° Celsius ruhen. In einem normalen Haushaltskühlschrank ist die Temperaturzone oberhalb des Gemüsefaches dafür am besten geeignet. Danach können Sie den Samen aussäen. Ich benutze dazu Keimschalen mit einem eigenen „Fach" für jeden Sämling. So kann sich das Wurzelsystem besser entwickeln, bevor er umgesetzt werden muss. Doch auch normale Keimschalen sind gebräuchlich. In diesem Fall allerdings müssen Sie die Sämlinge umsetzen, bevor das Wurzelsystem sich mit dem des Nachbar-Sämlings ins Gehege kommt.

Die Keimblätter der Rosensämlinge sind paarförmig, recht fleischig und sehen fast aus, als seien sie sukkulent. Sie bleiben ein oder zwei Tage lang stehen, bevor sich die typischen Rosenblätter entwickeln. Sobald sich ein oder zwei Blätter ausgebildet haben, können Sie den Sämling in einen Topf setzen. Der Topf sollte nur gerade so groß sein wie nötig. Im Allgemeinen neigt man nämlich dazu, so viel zu gießen, wie das Substrat aufnehmen kann, was dem Rosensämling bei einem größeren Topf leicht zu viel werden kann.

Während der Sämling heranwächst, bekommen Sie schon einen ersten Eindruck von Blattform und -farbe. Wenn Sie das Glück hatten, eine remontierende oder öfterblühende Rose gezüchtet zu haben, setzt diese unter Umständen schon im ersten Jahr eine Blüte an. Diese ist zwar gewöhnlich kleiner als die spätere Blüte, zeigt aber deren charakteristische Merkmale wie Form, Farbe und manchmal auch den Duft.

Die neue Rose sollte weiterhin im Topf heranwachsen. Härten Sie sie draußen ab, bis sie groß genug ist, um Vermehrungsmaterial zu liefern. Neu gezüchtete Rosen vermehrt man am besten durch Okulieren, da sie so am schnellsten zeigen können, ob sie sich für die kommerzielle Produktion eignen. Haben Sie diese Möglichkeit nicht, so schneiden Sie ein paar Stecklinge, die Sie bewurzeln lassen, auch wenn Sie dadurch möglicherweise die Mutterpflanze verlieren. Die Rosen, die sich aus den Stecklingen entwickeln, sollten daraufhin begutachtet werden, ob ihre Qualitäten Marktreife haben.

Im kommerziellen Rahmen werden die neuen Sämlinge vermehrt wie alle anderen Rosen und anschließend in ein Versuchsbeet gesetzt. Dort verbleiben sie mehrere Jahre, wobei sie auf Winterhärte, Krankheitsresistenz und andere

Die Hagebutten reifen aus dem Fruchtknoten, den hier jedoch die Kelchblätter bedecken. Achten Sie auf die Schildchen im Hintergrund.

Eigenschaften getestet werden. Erst dann führt der Rosenzüchter sie auf dem Markt ein und nimmt sie in seinen Katalog auf.

Hat man erst einmal beschlossen, dass die Rose marktfähig ist, wird sie zwei oder drei Jahre lang in großer Anzahl vermehrt, damit bei der Markteinführung genügend Exemplare vorhanden sind. In Deutschland wird sie dann in mehreren Prüfgärten des Bundes deutscher Baumschulen gepflanzt, um das ADR-Siegel (Anerkannte Deutsche Rose) zu erhalten, das nur besonders gesunde Rosen erhalten. Vor der Einführung sucht man für die Rose einen passenden Namen aus. Häufig lässt man ihn auch von einer Wohltätigkeitsorganisation auswählen, welche die Rose für einen guten Zweck verkaufen möchte.

Will der private Züchter eine Rose auf dem Markt einführen, muss er sich an einen der bekannten Züchter wenden. Auch dieser muss die Rose erst einmal vermehren, um genügend Exemplare für den Verkauf vorrätig zu haben. Außerdem wird er die Rose wohl ebenfalls auf einem Versuchsbeet testen, um zu prüfen, ob sie den Qualitätskriterien seiner Rosenschule genügt. Mitunter hilft der Züchter auch bei der Namensfindung. Auch solche Rosen werden gewöhnlich mit ihrem Sortennamen registriert.

Züchten Sie Rosen jedoch nur zu Ihrem höchstpersönlichen Vergnügen, können Sie Ihre Schönheit nennen, wie immer Sie wollen. Eine Rose ihres Namens ist ein wunderbares Geschenk für Ehefrau oder Kinder, aber natürlich auch für andere Verwandte und Freunde.

Schädlinge, Krankheiten und andere Probleme

Wenn Ihnen ein Gärtner sagt, dass er keine Rosen in seinem Garten haben wolle, dann nennt er als Grund für seine Entscheidung meist die angebliche „Anfälligkeit" der Rose für Krankheiten. Das muss aber nicht sein, denn nur selten setzen Krankheiten bzw. Schädlinge einer Rose so zu, dass sie daran zugrunde geht. Ist es denn wirklich so schlimm, wenn Ihre Schönheit ein wenig Sternrußtau oder Mehltau bekommt? Nahezu alle Pflanzen sind für bestimmte Krankheiten anfällig. Das sollte uns aber die Freude an ihnen nicht verderben. Natürlich müssen Sie darauf achten, dass die Krankheiten bzw. Schädlinge nicht überhand nehmen, denn dann können Sie sie nicht mehr kontrollieren. Die Pflanze geht daran aber nur zugrunde, wenn Sie dies erlauben.

In diesem Fall gilt: Vorbeugen ist besser als heilen. Über den Einsatz von Chemikalien im Garten wird gerne und viel diskutiert. Auch ich arbeite lieber mit biologisch-organischen Mitteln, wenn ich die Wahl habe. Außerdem wird heute beim Pflanzenschutz darauf geachtet, dass die Präparate keine Nutzinsekten wie Bienen töten. Allerdings sollten Sie im Kopf behalten, dass Schädlinge gegen bestimmte Präparate resistent werden. Es empfiehlt sich, das Mittel gelegentlich gegen ein anderes auszutauschen.

Wenn Sie sich entscheiden, Ihre Rosen zu spritzen, damit der Schädlingsbefall nicht überhand nimmt, dann müssen Sie dies regelmäßig tun. Nur einmal zu spritzen hat überhaupt keinen Sinn, vor allem, wenn es um Pilzkrankheiten geht. Die meisten Fungizide funktionieren heute nämlich systemisch, das heißt, sie dringen ins Innere der Pflanze ein und wirken dort. Nach einigen Wochen aber verliert sich der Effekt. Insektizide hingegen wirken als Kontaktgift, das heißt, in dem Moment, in dem sie mit dem Tier in Berührung kommen. Wenn Sie also Probleme mit Schädlingen haben, genügt es, wenn Sie spritzen, sobald die Insekten auftauchen. Es gibt Spritzmittel, die Krankheiten und Schadinsekten gleichermaßen positiv beeinflussen. Sie wirken ebenso gut wie zwei verschiedene Mittel.

Wenn Sie in Ihrem Garten absolut keine Chemie einsetzen wollen, sollten Sie zunächst einmal möglichst resistente Sorten auswählen und diese stets gut pflegen. Eine gut versorgte Rose ist ohnehin weniger anfällig für Schäden jeglicher Art.

Es gibt auch biologisch-organische Schädlingsbekämpfungsmittel. Viele hüllen das Insekt in Paraffinöl ein, was natürlich sehr umweltfreundlich ist.

Krankheiten

Sternrußtau

Der Sternrußtau ist eine Rosenkrankheit, die die meisten Menschen auf den ersten Blick erkennen. Glücklicherweise ist er nicht überall gleich

Sternrußtau zeigt sich anfangs nur als schwarzes Mal auf dem Blatt. Doch diese Flecken breiten sich schnell über die ganze Pflanze aus.

verbreitet. Stadtbewohner haben damit gewöhnlich weniger zu kämpfen als Landbewohner, denn die Luftverschmutzung in der Stadt wirkt auch dem Sternrußtau entgegen. Die Sporen des Sternrußtau-Pilzes werden über die Luft verbreitet. Sie setzen sich auf den Blättern der Rose ab und verursachen hässliche schwarze bzw. dunkle Flecken. Schnell breiten sie sich über das ganze Blatt aus, das am Ende abfällt. Auch die jungen Triebe zeigen Flecken und gehen zugrunde. Die Krankheit wird mitunter auch über das Werkzeug wie Gartenscheren usw. weitergetragen.

Sternrußtau bekommen Sie nur dann in den Griff, wenn Sie regelmäßig Fungizide einsetzen, das heißt, mindestens einmal pro Woche spritzen. Beginnen sollten Sie damit im Frühjahr, wenn die Rosen neue Blätter ansetzen, auf jeden Fall aber noch bevor Sie die ersten Anzeichen der Krankheit entdecken. Haben Sie sich für eine Spritzung mit Chemikalien entschieden, befolgen Sie bitte genauestens die Anleitung auf der Packung. Das trägt zum einen zu Ihrer persönlichen Sicherheit bei, zum anderen können Sie die Krankheit nur so effektiv bekämpfen.

Um eine erneute Infektion zu verhindern, müssen Sie sämtliche abgefallenen Blätter vom Boden aufsammeln und entfernen, da die Sporen auf ihnen überwintern. Geben Sie sie bitte nicht in den Kompost. Während der Winterruhe können Sie die Pflanze mit einem desinfizierenden Pflanzenschutzmittel spritzen.

Mehltau

Es gibt zwei Formen von Mehltau, welche die Rose befallen können: der Echte und der Falsche Mehltau. Der Echte Mehltau erscheint als mehliger Belag auf der Blattoberseite. Er macht sich meist erst im Hochsommer bemerkbar. Seine pudrig grauen oder weißen Flecken befallen vorzugsweise junge Triebe und Blätter, die sich dann einrollen und nicht mehr weiterwachsen. Wenn Sie gegen Echten Mehltau nicht sofort etwas unternehmen, befällt er die ganze Pflanze. Eine von Mehltau befallene Pflanze zeigt sich in der Folge auch anfällig für Rosenrost und Sternrußtau. Gegen Echten Mehltau hilft eigentlich nur Spritzen. Es gibt Kontaktmittel und systemische Mittel. Wenn Sie wissen, dass eine bestimmte Pflanze dafür anfällig ist, sollten Sie in jedem Fall vorbeugend spritzen.

Echter Mehltau an einer Blütenknospe

Mehltau entsteht an trockenen, windstillen Orten. Dort verbreitet er sich relativ schnell. Wählen Sie also nach Möglichkeit resistente Sorten aus, wenn Sie eine Wand oder einen Balkon bepflanzen wollen. Spritzen Sie die Pflanze morgens und abends einmal mit dem Schlauch ab und achten Sie auch sonst darauf, dass sie nicht zu trocken steht. So können Sie den Mehltaubefall vielleicht verhindern. Wollen Sie jedoch ganz auf Chemikalien verzichten, informieren Sie sich am besten über mehltauresistente Rosensorten.

Falscher Mehltau zeigt sich in Flecken auf der Blattunterseite. Er taucht gerne in Gewächshäusern auf, wo wenig gelüftet wird, es aber große Unterschiede zwischen den Tag- und Nachttemperaturen gibt. An Rosen, die im Garten stehen, zeigt er sich nur selten. Auf den reifen Blättern sind an der Unterseite große Flecken von bräunlichem oder bläulichem Grau zu sehen. Die befallenen Blätter fallen früher oder später ab. Gewöhnlich breitet sich die Krankheit auch auf die Triebe aus. Falscher Mehltau lässt sich nur mit chemischen Mitteln effektiv bekämpfen. Befallene Blätter sollten entfernt und vernichtet werden.

Rosenrost

Der Rosenrost ist vermutlich die gefährlichste aller Rosenkrankheiten. Im Anfangsstadium bleibt er nicht selten unbemerkt, da die orangeroten Pusteln auf der Unterseite der Blätter sitzen. Dort verbreiten sie sich schnell über die ganze Pflanze und befallen mitunter auch die Triebe. Sie reifen heran und verändern die Farbe von Rot über Braun hin zu Schwarz. Wenn das Blatt schwarze Markierungen zeigt, fällt es in Kürze ab. Bei einer schweren Infektion ist das Resultat herzzerreißend: Die Rose verliert sämtliche Blätter und geht schließlich ganz ein.

Daher müssen Sie augenblicklich zur Tat schreiten, sobald Sie den Rosenrost bemerkt haben. Sammeln Sie sämtliche befallenen Blätter ab und vernichten Sie diese. Sodann spritzen Sie entweder mit einem Rosenfungizid mit Breitbandwirkung oder mit einem speziell auf Rosenrost zugeschnittenen Präparat. Die richtigen Mittel finden Sie im Gartencenter. Achten Sie darauf, dass kein befallenes Blatt auf dem Boden liegen bleibt. Während der Winterruhe können Sie die Pflanze, eventuelle Stützstäbe und den Boden um sie herum mit einem entsprechenden Mittel desinfizieren. Auf diese Weise vernichten Sie überwinternde Sporen. Wenn Sie dem Rosenrost jedoch nicht Herr werden

Raupenfraß an den Blättern

Läuse sitzen vorzugsweise auf weichen, jungen Blättern.

und Ihre Rosen Jahr für Jahr erneut befallen werden, sollten Sie die gepflanzten Sorten aus dem Garten entfernen und neue, resistentere suchen, denn sonst besteht die Gefahr, dass die Krankheit sich über den gesamten Garten verbreitet und auch auf Pflanzen übergeht, die gewöhnlich nicht befallen werden.

Baumkrebs

Baumkrebs tritt häufig an älteren Pflanzen auf, die bereits eine Menge altes Holz entwickelt haben. Auch jüngere Pflanzen, die häufig zurückgeschnitten wurden, ohne die Wunden zu desinfizieren, können Baumkrebs bekommen. Es mag Ihnen merkwürdig erscheinen, dass ich für regelmäßigen Rückschnitt eintrete, wo dies doch Baumkrebs verursachen kann. Doch der Baumkrebs ist nicht schwer zu behandeln und kommt auch nicht so häufig vor, dass er den Gärtner vom Rückschnitt abhalten sollte. Baumkrebs zeigt sich in großflächigen, knotigen Verwachsungen mit unregelmäßigen, flachen Rändern und Vertiefungen in der Mitte. Häufig löst sich an dieser Stelle auch die Rinde. Hier gibt es nur ein wirksames Gegenmittel: Sie müssen die betreffende Stelle ausschneiden. Wenn der Baumkrebs an einer für die Struktur der Pflanze wichtigen Stelle auftritt, schneiden Sie so weit als möglich ins gesunde Holz zurück und versorgen Sie die Wunde sodann mit Baumwachs oder ähnlichen Mitteln. Allerdings klappt dies im alten Holz nicht immer. Wenn der Baumkrebs an einer Stelle auftritt, die leicht weggeschnitten werden kann, sollten Sie dies tun. Sie können Baumkrebs nicht immer vermeiden, doch wenn Sie die Rückschnitt-Wunden sauber halten und mit entsprechenden Präparaten desinfizieren, verringert sich die Gefahr erheblich.

Schädlinge

Läuse

Läuse sind wohl die schlimmsten Schädlinge in der Rosenwelt. Sie treten in zahllosen Farben auf, die bekanntesten aber sind zweifellos die grünen Blattläuse. Diese siedeln sich vorzugsweise auf den jungen Trieben und Knospen an. Dies ist natürlich nicht besonders schön, doch am schlimmsten sind ihre süßlichen, klebrigen Ausscheidungen. Diese verkleben die Poren der Pflanze, sodass sie nicht mehr atmen kann, und ziehen außerdem andere Schädlinge an. In besonders schlimmen Fällen entsteht darauf ein dunkler Schimmelpilz, der das Aussehen der Pflanze stark in Mitleidenschaft zieht. Früher verwendeten die Gärtner spezielle Bürsten zur Entfernung der Blattläuse oder entfernten sie mit Seifenlauge. Auch heute gehören Abstreifen und das Besprühen mit Seifenlauge zu den besten Gegenmitteln, wenn Sie nicht spritzen wollen.

Bis vor kurzem glaubte man, Blattläuse nur mit einem guten Insektizid bekämpfen zu können. Mittlerweile aber gibt es biologische Spritzmittel mit Paraffinöl, die denselben Zweck erfüllen. Der natürliche Fressfeind der Blattläuse ist der Marienkäfer, der wiederum gerne von Vögeln verzehrt wird. Marienkäferlarven gibt es im Fachhandel zu kaufen, doch vollkommen los werden Sie die Blattläuse damit nicht.

Der „Kuckucksspeichel" bewahrt die Larven der Schaumzikade vor dem Austrocknen.

Wanzen

Obwohl sie weniger verbreitet sind als Blattläuse, schätzen auch Wanzen die jungen Rosentriebe und -blätter. Die Folge ist, dass die Blätter verkrüppeln und zahlreiche winzige Löcher aufweisen. Gegen Wanzen verwendet man am besten ein systemisches Insektizid. Allerdings sind Wanzen nur schwer auszurotten, weil sie sich recht schnell von einer Pflanze zur anderen bewegen.

Raupen

Raupen sind offenkundig nicht besonders wählerisch. Sie fressen alles, was im Garten grün ist. Dazu gehören natürlich auch Rosenblätter. Dies erkennt man daran, dass über Nacht ganze Blattteile verschwinden. Der Befall lässt sich mit chemischen Mitteln kontrollieren, doch am besten ist es nach wie vor, die Pflanze nach den Übeltätern abzusuchen und diese dann zu entfernen.

Schaumzikade

Schaumzikaden hinterlassen im Frühjahr einen „Kuckucksspeichel" genannten Schaum in den Blattachseln von Rosen.

Das sieht vielleicht nicht besonders gut aus, ist aber nicht weiter schädlich. Wenn Ihnen der Schaum zu viel wird, sollten Sie die befallenen Pflanzen kurz mit dem Gartenschlauch abspritzen. Wollen Sie das vermeiden, können Sie einfach abwarten. Im Sommer verschwindet der Schaum von selbst.

Rote Spinne

Die Rote Spinne ist eigentlich keine Spinne, sondern eine Spinnmilbe. Sie verursacht bei Rosen eine Reihe von Problemen, vor allem, wenn sie im Gewächshaus oder an einer geschützten Stelle im Garten stehen. Am schlimmsten breitet der Schädling sich in heißen Sommern aus. Die Rote Spinne liebt trockene, kaum belüftete Stellen. Daher erscheint sie vorzugsweise im Hochsommer.

Da sie auch für das aufmerksamste Auge unsichtbar bleibt, ist der Befall gewöhnlich schon weit fortgeschritten, wenn man ihn entdeckt. Das erste sichtbare Anzeichen sind hauchdünne Netze zwischen Blättern oder um Knospen herum. Die mit Eiern beladenen Blätter sehen staubig aus, bevor sie welken und abfallen. Auf den abgefallenen Blättern überwintern die Eier bis zum nächsten Jahr. Im Gewächshaus fällt ihnen die Überwinterung besonders leicht, und so ist bereits der Grundstein für den nächsten Befall gelegt.

Die Rote Spinne ist schwer in den Griff zu bekommen. Eigentlich gibt es nur ein wirklich wirksames Mittel dagegen: Pirimiphos-methyl, ein Mittel, das auch in Deutschland zugelassen, allerdings für den Privatgebrauch schwer erhältlich ist. Mittlerweile sind jedoch auch gute biologische Mittel wie zum Beispiel Niem-Öl bzw. Rapsöl- und Mineralölpräparate zum Spritzen erhältlich. Ich habe mit diesen Substanzen keine persönlichen Erfahrungen gemacht, doch einen Versuch sind diese für Nützlinge ungefährlichen Mittel allemal wert.

Die Rote Spinne liebt es heiß. An schlecht belüfteten Standorten wie zum Beispiel im Gewächshaus verbreitet sie sich rasend schnell.

Blattwespen

Es gibt drei Formen der Blattwespe, die für Rosen gefährlich sind. Verbreitet sind aber nur zwei davon: Da ist zum einen die Sägewespe und zum anderen die Blattrollwespe.

Die Blattrollwespe kann sämtliche Blätter an einem Rosenstock verstümmeln. Die ausgewachsenen Weibchen legen ihre Eier auf das Blatt. Dann spritzen sie eine Flüssigkeit hinein, die bewirkt, dass das Blatt sich aufrollt – zum Schutz ihrer Nachkommen.

Sie lassen sich nur schwer unter Kontrolle bringen, denn der Schaden ist meist schon angerichtet, bevor man die ersten Anzeichen sieht. Systemische Fungizide, die man im Frühsommer ausbringt, helfen mitunter, doch am besten ist es, die befallenen Blätter abzunehmen. Bedauerlicherweise probiert die Blattrollwespe immer erst einige Blätter aus, bevor sie sich für eines entscheidet. Gewöhnlich schadet dies der Rose nicht. Nur wenn der Befall überhand nimmt und viele Blätter fallen, ist der Stock in Gefahr. Außerdem erhöht sich die Gefahr, von Pilzen befallen zu werden.

Die Sägewespe ist leichter zu erkennen, da ihre Larven sich nur von den fleischigen Blattteilen ernähren, das Aderngerüst jedoch verschmähen, sodass die Blätter gleichsam „skelettiert“ wirken. Sie taucht seltener im Garten auf als die Blattrollwespe, wird aber genauso bekämpft wie diese, wobei die Behandlung bei der Sägewespe mehr Erfolg verspricht.

Thrips

Bestimmte Thrips-Arten lieben volle Rosenknospen über alles und zerstören die künftige Blüte durch Fraßschäden an den Blütenblättern. Dies ist ein eher kosmetischer Schaden, der die Rose nicht wirklich in Mitleidenschaft zieht. Da Thrips eher selten ist und vor allem bei schwülem Wetter auftaucht, stellt er keine große Gefahr dar. Sind die Schäden jedoch nicht mehr zu übersehen, sollten Sie die jungen Knospen mit einem Insektizid schützen.

Wildverbiss

Wenn Sie auf dem Land leben, kommt es schon mal vor, dass ihre Rosen leiden, weil Hasen und Rehe sich an den Knospen gütlich tun. Auch Eichhörnchen können sich zu richtiggehenden Plagegeistern entwickeln.

Hasen knabbern am liebsten die jungen Triebe ab, was ein ernsthaftes Problem werden kann, da junge Pflanzen sich nicht ordentlich etablieren können und alte an der Basis verkahlen. Da Hasen sich so schnell vermehren, können sie wirklich zur Plage werden. Wenn Sie sie nicht aus dem Garten fern halten können, sollten Sie Ihre Rosen mit niedrigen Zäunen schützen. So bleibt zumindest die Basis frei von Knabberschäden.

Die Blattrollwespe legt ihre Eier auf die Oberfläche eines Blattes und spritzt dann eine Flüssigkeit hinein, die bewirkt, dass das Blatt sich zum Schutz ihrer Brut zusammenrollt.

Auch Rehe und andere Wildtiere schätzen den Geschmack der Rosen. Wenn Sie um Ihren Besitz viele Rosenhecken stehen haben, mag es durchaus sein, dass der Neuaustrieb dem Appetit des Wildes zum Opfer fällt. Wildverbiss gibt es meist im Winter, wenn die Tiere am hungrigsten sind. Hier gibt es nur eine Möglichkeit: Pflanzen Sie Moosrosen, die von den meisten Tieren verschmäht werden, oder die dornigeren Formen der Wildrose wie *Rosa spinosissima* und ihre Varietäten. Doch wenn die Tiere in einem harten Winter so richtig hungrig sind, sind auch diese vor Verbiss nicht sicher.

Nicht weniger gefährlich für einen Rosengarten sind Maulwürfe. Sie graben lange Tunnel in die Erde und unterminieren leicht einen ganzen Garten. Maulwürfen wird man am besten Herr, indem man einige der altbewährten Methoden anwendet. So heißt es, wenn man leere Flaschen in der Nähe eines Maulwurfshügels eingräbt, würde der Klang des Windes in den Flaschen die Tiere vertreiben.

Andere Probleme

Viren

Viren werden meist schon bei der Vermehrung der Rose übertragen. Mit der Pflege der Rose hat dies nichts zu tun. Höchstwahrscheinlich war der Rosenstock, der vor Jahren zur Vermehrung benutzt wurde, infiziert. Die meisten Rosenzüchter arbeiten daher mit samenvermehrten Rosen, um der Verbreitung von viralen Krankheiten vorzubeugen. Wenn jedoch die Mutterpflanze bereits infiziert war, gibt es dagegen keinen Schutz. Dann zeigen die aus ihr gezogenen Rosensorten dieselben Eigenschaften.

Wie sich ein Virus auswirkt, lässt sich kaum vorhersagen. Die häufigsten Schäden bestehen in Deformationen der Blätter, die beispielsweise gelbe, gewellte Linien auf der Oberfläche zeigen können. Manchmal sind aber auch die Blüten betroffen. Malcolm Manners vom *Citrus Institute* im Florida Southern College in den USA hat garantiert virenfreie Exemplare alter Rosensorten gezüchtet, die enorm große Blüten haben. Vielleicht kommen diese Formen ja der ursprünglichen Gestalt jener Rosen nahe?

Häufig zeigt sich eine Rose ja jahrelang gesund, ohne das geringste Anzeichen von Virenbefall, und trotzdem kann sie mit einem Mal die seltsamsten Merkmale zeigen, welche letztlich nur auf ein Virus zurückgehen können. Aus diesem Grund nimmt man gerne an, Virenkrankheiten seien ansteckend. Doch wir können absolut sicher sein, dass Viren sich keineswegs auf dieselbe Weise ausbreiten wie Pilzkrankheiten. Daher lässt sich gegen das virale Problem bei Rosen auch wenig unternehmen. Wir müssen einfach lernen, damit zu leben.

Wucherungen

Wucherungen lösen beim Rosenbesitzer meist einen Schock aus, wenn er sie zum ersten Mal sieht. Einige der altmodischen, dicht gefüllten Rosen bringen aus der Mitte der Blüte häufig noch eine oder mehrere zusätzliche Knospen hervor. Die Knospen sind meist gesund und stehen auf einem Stiel über der alten Blüte.

Worauf diese Missbildung zurückgeht, lässt sich nicht genau sagen. Einige Fachleute meinen, es handle sich um Virenbefall, andere führen sie auf eine genetische Mutation zurück. Allerdings gibt es bestimmte Faktoren, welche das Ausmaß der Wucherungen beeinflussen. Pflanzen an schattigen Standorten leiden häufiger als solche an besonnten Plätzen oder in Gewächshäusern. Nach einem zu kalten Frühjahr taucht das Problem vermehrt auf. Außerdem zeigt sich die Missbildung bei öfterblühenden Rosen kaum noch im zweiten Flor. Die einzig mögliche Form der Behandlung ist das Entfernen der befallenen Blüten, die meist früh im Jahr erscheinen. Dann können Sie getrost den zweiten Flor abwarten.

Verklebte Blüten

Zum Verkleben der Blüten kommt es meist dann, wenn auf heftigen Regen Sonnenschein folgt oder wenn die Luft im Allgemeinen sehr

Zu Wucherungen kommt es vorzugsweise im Frühjahr.

feucht ist. Dann verkleben die äußeren Blütenblätter dicht gefüllter Sorten. Die Sonne verbäckt diese dann zu einer festen Schale um die Blüte herum. Wenn Sie nichts dagegen unternehmen, werden alle Blütenblätter braun und die Blüte fällt ab. Haben Sie genügend Zeit und nur wenige befallene Rosenstöcke, dann können Sie die äußeren Blütenblätter auseinander ziehen, damit die Blüte sich wieder öffnen kann.

Chlorose

Wenn sich gelbe Flecken auf den Blättern zeigen bzw. das gesamte Blatt gelb wird, dann haben wir es meist mit einem Mineralstoffmangel zu tun. Gewöhnlich fehlen Eisen oder Magnesium. Natürlich müssen Sie dann entsprechend nachdüngen, wenn Sie Ihre Rose retten wollen. Bei Eisenmangel gibt es sehr gute Nährflüssigkeiten, mit denen Sie spritzen oder gießen können. Auch flüssige Algenextrakte sind hier sehr hilfreich.

Bei Magnesiummangel können Sie mit einem magnesiumhaltigen Mineralwasser gießen oder Epsomsalz aus der Apotheke ins Gießwasser geben. Magnesiummangel zeigt sich durch bleiche Flecken zwischen den Blattadern.

Spritzschäden

Was Sie nun über das Spritzen lesen, sagt einem eigentlich der gesunde Menschenverstand. Trotzdem sollen die wenigen Regeln, die es dabei zu berücksichtigen gibt, noch einmal kurz erwähnt werden.

Rosen sind höchst empfindlich, wenn es um Unkrautvernichtungsmittel geht. Sollten Sie dieses im Garten verwenden, so darf kein Lüftchen

Ein einziger Tropfen Unkrautvernichtungsmittel kann eine Rose schwer entstellen. Bringen Sie daher niemals Unkrautvernichtungsmittel aus, wenn der Wind weht.

wehen, wenn Sie es ausbringen, denn dieses könnte das Mittel in Ihre Rosenbeete tragen. Für das Spritzen mit Insektiziden, Fungiziden oder Unkrautvernichtungsmitteln sollten Sie je ein eigenes Sprühgefäß verwenden. Ganz egal, wie gut Sie ein solches Gefäß auswaschen, es bleiben immer Spuren davon zurück, die anderen Pflanzen schaden können. Achten Sie vor allem darauf, nicht in solchen Beeten zu spritzen, die neben Ihren Rosenbeeten stehen, denn Sie können letztlich nicht verhindern, dass das Mittel dann auch ins Rosenbeet gelangt. Spritzschäden von Unkrautvernichtungsmitteln zeigen sich an verkrüppeltem Wachstum. In besonders schlimmen Fällen stirbt die Pflanze gar ab.

Verbrennungen

Verbrennungen an Rosenblüten sind vor allem unschön. Gefährlich sind sie nicht. Sie kommen an Gewächshaus-Rosen vor, wenn diese zu nahe an der Wand des Gewächshauses stehen, aber auch nach dem Gießen der Rosen, wenn einzelne Wassertropfen auf den Blütenblättern hängen bleiben und die Sonnenstrahlen wie ein Brennglas bündeln. Von selbst geschieht dies fast nur, wenn auf Regen starker Sonnenschein folgt, was wenig wahrscheinlich ist. Dann werden die Blätter am Rand braun und papierartig. Wenn viele Blütenblätter betroffen sind, fällt die Blüte ab. Wenn Sie Rosen also mit einem Schlauch oder mit der Gießkanne wässern, dann tun Sie dies am besten am frühen Morgen oder am Abend, wenn die Sonnenstrahlen nicht so stark sind wie tagsüber.

Rosenblätter verbrennen mitunter, wenn es nach Regen zu starkem Sonnenschein kommt. Dunkelrote und intensiv pinkfarbene Sorten verlieren im Sonnenlicht häufig ihre Farbe. Sorten wie „Souvenir du Docteur Jamain" pflanzt man daher besser im Halbschatten.

Rosen von A bis Z

Die Klassifikation der Rosen

Die Gattung der Rose umfasst zahlreiche Arten und Sorten. Doch man muss sie ja schließlich nicht alle kennen, um diese wunderbare Blume zu lieben. Daher werde ich hier die einzelnen Rosengruppen nur umreißen, sodass Sie sie untereinander vergleichen können. Ich habe sie in Gruppen eingeteilt, deren Arten zumindest entfernt miteinander verwandt sind und sich in Wuchsform und Habitus ähneln. Die Rosen der einzelnen Gruppen können zwar untereinander verwandt sein, doch letztlich ist es ja nicht ihre biologische Artenverwandtschaft, die bei der Auswahl einer Rose für den Garten zählt.

Daher folgt die Grobeinteilung zunächst einmal nach ihrem Verwendungszweck. Sie finden hier: Beetrosen, Strauchrosen, Kletterrosen und Rambler. Innerhalb dieser Gruppen werden die einzelnen Sorten dann unter ihrem Artennamen aufgeführt. Viele der alten und historischen Rosen tragen ihre Ursprungsform, aus der sich die ganze Art entwickelt hat, noch im Namen.

„Duftwolke" wurde 1964 eingeführt, ist aber heute noch populär.

Heute hingegen benennt man eine Rose eher nach ihrer Erscheinungsform. Die Rosengruppen sind nach Verwendungszweck geordnet, zum Beispiel: Moderne Strauchrosen. Jede einzelne Rose beschreiben zu wollen ist bei den zahllosen Sorten, die es mittlerweile gibt, ein schier aussichtsloses Unterfangen. Daher werden in jeder Gruppe nur die gartenwürdigsten und wichtigsten Sorten aufgeführt. Wenn auch nicht jede Rose hier beschrieben werden kann, so habe ich mich doch bemüht, Ihnen einen repräsentativen Querschnitt dieser Gruppe zu zeigen, um Ihnen möglichst den Facettenreichtum der ganzen Gruppe zu verdeutlichen.

Blütezeiten

In allen Rosenbeschreibungen gehe ich näher auf die Blütezeit ein. Allgemein lässt sich dazu Folgendes sagen: Im Sommer blühende Rosen bringen einen ausgesprochen reichen Flor hervor, remontierende Sorten tragen mehrfach Blüten, öfterblühende hingegen blühen während der Saison ständig, wenn auch nicht so reich. Wo das Einführungsdatum der Sorte bekannt ist, gebe ich es an. Bei den Größenverhältnissen steht die Höhe der Rose vor der Breite. Es handelt sich dabei um die Maße, die eine ausgereifte Pflanze gewöhnlich erreicht. Unterschiede im Pflanzklima und im Substrat können natürlich bewirken, dass die einzelne Rose von den angegebenen Maßen deutlich abweicht.

Beetrosen

Zu diesen zählt man gewöhnlich Teehybriden und Floribunda-Sorten. Trotzdem werden hier einige Rosen aufgeführt, die in andere Kategorien fallen, aber im Garten wie eine Beetrose eingesetzt werden können. Im Moment sind Teehybriden und Floribundas nicht in Mode, doch stellen sie gewöhnlich jene Sorten, die Sie in großen Rosenbeeten in öffentlichen Anlagen sehen.

Sie eignen sich hervorragend für jede Art formaler Pflanzung. Auch als Kübelpflanzen oder im klassischen Staudenbeet stehen sie gut. Teehybriden und Floribundas werden häufig als „moderne Rosen" bezeichnet. Damit versucht man, sie gegen die historischen oder „alten" Sorten abzugrenzen. Doch wir sollten nicht vergessen, dass die erste Teehybride mit Namen „La France" 1865 eingeführt wurde und damit eigentlich eine „alte" Rose ist. Ich jedenfalls finde, dass nicht einfach alles, was nach 1865 kam, als „modern" bezeichnet werden kann. Daher sind für mich „moderne Rosen" all jene Sorten, die nach 1945 eingeführt wurden. Mehrere große Rosenschulen verfahren ebenso.

● Teehybriden oder Großblütige Rosen

Diese Gruppe kennt man unter zwei verschiedenen Bezeichnungen, und tatsächlich waren die frühen Teehybriden tatsächlich Kreuzungen mit echten Teerosen, doch im Laufe der Jahrzehnte wurden die Stammbäume der Rosen immer komplizierter, sodass im angelsächsischen Raum mittlerweile die Bezeichnung „Large-flowered roses", also Großblütige Rosen, gebräuchlich ist. Für mich allerdings werden diese Rosen immer „Teehybriden" bleiben. Die Teehybriden stellen eine ziemlich umfangreiche Rosengruppe dar, die sich beim Publikum enormer Beliebtheit erfreut. Die Teehybride ist eine ideale Schnittrose, da sie gewöhnlich Einzelblüten trägt. Nur einige wenige bringen Blütendolden bzw. -rispen hervor. Außerdem gibt es Teehybriden in jeder nur denkbaren Farbe (Blau ausgenommen) und die meisten bieten zudem noch einen leichten bis mittelstarken Duft. Teehybriden sind vielseitig und wachsen strauchig, wenn man sie lässt. Außerdem zeigen sie sich als recht blühwillig. Es gibt sogar einige kletternde Sorten, die wir am Ende dieses Kapitels aufführen.

Anna Pawlowa

Diese Sorte hat einen überwältigend intensiven Duft. Die voll geöffneten Blüten zeigen ein zartes, bläuliches Rosa. Sie hat schöne spitze Knospen und dunkle, ledrige Blätter von runder Form. Für eine Teehybride wächst die Rose vergleichsweise hoch. Der Wuchs lässt mitunter zu wünschen übrig, daher sollten Sie sie keinesfalls an halbschattige Standorte oder in magere Erde setzen.
Beales, Großbritannien, 1981, öfterblühend, 1,2 x 1 m

Duftwolke (Fragrant Cloud)

Die doppelt gefüllten orangeroten Blüten dieser Teehybride weisen einen guten Duft auf. Sie hat dunkelgrüne, glänzende Blätter, während die jungen Triebe bronzefarben leuchten. Eine aufrecht wachsende Sorte.
Tantau, Deutschland, 1964, öfterblühend, 75 x 60 cm

Just Joey

Die Blüten von „Just Joey" sind groß und ein wenig unordentlich. Sehr schön sind die gewellten Petalenränder. Ihre Kupferfarbe macht sie im Garten zu etwas ganz Besonderem, vor allem, da sie sich recht blühwillig zeigt. Ihre Blätter sind von dunklem, glänzendem Grün, wenn die Pflanze auch eher spärlichen Laubwuchs zeigt. Sie wächst sehr stark. Alles in allem eine ausgezeichnete Rose.
Cant, Großbritannien, 1972, öfterblühend, 60 x 60 cm

La France

Da „La France" die erste Teehybride überhaupt war, soll sie hier ebenfalls Aufnahme finden, obwohl sie in der Qualität heute von vielen anderen Rosen übertroffen wird. Ihre voll geöffneten Blüten sind von silbrigem Rosa und weisen einen überwältigenden Duft auf. Sie wächst aufrecht und trägt einfache grüne Blätter.
Guillot Fils, Frankreich, 1865, remontierend, 1,2 x 1 m

Mrs. Oakley Fisher

In den ersten Jahrzehnten des 20. Jahrhunderts wurden zahlreiche gute Sorten eingeführt. „Mrs. Oakley Fisher" gehört dazu. Ihre Blüten sind

apricotfarben und zeigen Staubgefäße in leuchtendem Orange. Der Neuaustrieb und die Blätter glänzen bronzefarben, was einen wunderschönen Kontrast zu den Blüten darstellt.
Cant, Großbritannien, 1921, öfterblühend, 60 x 60 cm

Ophelia
„Ophelia" ist eine der schönsten älteren Teehybriden. Die doppelt gefüllten Blüten zeigen spitz zulaufende Petalen in einem weichen, cremigen Rosaton und einem Hauch von Gelb am Ansatz. Sie duften gut. Voll geöffnet zeigt die Blüte einen schönen Kranz von Staubgefäßen in tiefem Bernsteingelb. Die Blätter sind groß und ledrig. Ähnliche Sorten sind „Lady Sylvia" und „Madame Butterfly", die beide Sports von „Ophelia" sind.
W. Paul, Großbritanien, 1912, öfterblühend, 60 x 60 cm

Royal William
Voll gefüllte Blüte in tiefem, samtigem Rot und ein intensiver Duft machen diese Sorte zu einem Dauerbrenner. Die Mitte senkt sich nicht, auch wenn die Blüte voll geöffnet ist. Eine ausgezeichnete Schnittrose, die im Garten hoch wächst und üppiges dunkelgrünes Laub zeigt.
Kordes, Deutschland, 1984, öfterblühend, 75 x 60 cm

Floribunda-Rosen oder Büschelblütige Rosen

Auch die Floribunda-Rosen haben im angelsächsischen Raum einen neuen Namen erhalten, nämlich „Cluster-flowered roses" bzw. „Büschelblütige Rosen". Das ist natürlich sehr viel umständlicher als „Floribunda" und so bleibe ich bei der alten Bezeichnung. Vielleicht geht ja künftigen Generationen das „Büschelblütige Rosen" leichter von der Zunge. Welchen Namen Sie den Floribundas auch immer geben mögen, sie zeichnen sich vor allem durch einen überreichen Blütenflor aus, der in „Büscheln" erscheint. Sie sind ideal für jede Art der Massenpflanzung, können aber auch für andere Zwecke eingesetzt werden. Im Staudenbeet machen sie sich gut, wenn sie zwischen Rosenbegleitstauden stehen. Doch auch im Topf machen sie eine gute Figur. Die langstieligen Varietäten eignen sich sogar als Schnittblumen.

Amber Queen
Diese ist eine wunderbare Rose. Wenn man bedenkt, wie viele Preise sie bereits eingeheimst hat, stehe ich mit meiner Einschätzung wohl nicht allein. Ihre gefüllten Blüten in Bernsteingelb heben sich wunderbar von dem dunkelgrün glänzenden Laub ab. Auch der Wuchs ist schön buschig. Diese niedrig wachsende Floribunda-Rose fügt sich in jedes Gartendesign, ob Sie sie nun im Beet in die vorderste Reihe setzen oder in einem Topf ziehen.
Harkness, Großbritannien, 1984, öfterblühend, 60 x 60 cm

Friesia
Die strahlend gelben Blüten sind wohlgeformt und sitzen in großen Büscheln am Triebende. Die Blätter sind gesund, groß und von glänzendem Grün. „Friesia" wächst eher gedrungen und buschig.
Kordes, Deutschland, 1977, öfterblühend, 60 x 60 cm

„Lili Marleen" blüht reich in samtigem Rot.

Lili Marleen

Die doppelt gefüllten Blüten zeigen sich becherförmig. Geöffnet sind sie von tiefem purpur getöntem Rot, von dem sich die hellen Staubgefäße abheben. „Lili Marleen" ist sehr blühwillig und bringt die ganze Saison über Blüten in großen Büscheln hervor. Sie wird nicht besonders groß, was sie für die Topfkultur geeignet macht. Dabei wächst sie buschig mit gedrungenen Zweigen, an denen die dunkelgrünen Blätter sitzen.

Kordes, Deutschland, 1959, öfterblühend, 60 x 75 cm

Margaret Merril

Große weiße Blüten mit einem rosafarbenen Hauch. Die Knospen sind sehr spitz, bis sich die Blüte öffnet. Sie zeigt eine offene Mitte mit dunklen Staubgefäßen. Ihr besonderes Merkmal ist der intensive Duft. Das Laub ist dunkel, der Wuchs aufrecht.

Harkness, Großbritannien, 1977, öfterblühend, 75 x 60 cm

Norwich Castle

Die doppelt gefüllten Blüten zeigen einen interessanten Kupfer-Orange-Ton. Sie öffnen sich flach und verblassen allmählich zu einem weichen Apricot. Die Blätter sind hell- bis tiefgrün. Die Rose wächst aufrecht und blüht reich.

Beales, Großbritannien, 1979, öfterblühend, 75 x 60 cm

Plentiful

Obwohl „Plentiful" zweifellos eine „moderne" Rose ist, so zeigt sie doch die charakteristischen Merkmale historischer Rosen. Ihre tief rosafarbenen Blüten sind dicht gefüllt und in der Mitte geviertelt. Die Blätter sind ledrig, ein wenig grob in der Struktur und dunkelgrün. Leider ist sie recht stachelig.

LeGrice, Großbritannien, 1961, öfterblühend, 75 x 75 cm

Queen Elizabeth

„The Queen Elizabeth Rose" ist wohl die bekannteste Floribunda-Rose. Alles an ihr ist groß, sei es nun die Blüte, das Laub oder der Wuchs, und alles übertrifft den Durchschnitt bei weitem. Die langen, spitzen Knospen gehen zu doppelt gefüllten Blüten in sanftem Rosa auf, die leider nur schwach duften. „Queen Elizabeth" blüht in Büscheln. Sie eignet sich gut für Hecken- und Randbepflanzungen, da sie aufrecht und für eine Beetrose recht hoch wächst. Dies macht sie vor allem dort geeignet, wo die üblichen Heckenrosen zu breit wären.

Lammerts, USA, 1954, öfterblühend, 1,5 x 0,75 m

„Twenty-fifth" ist eine Allround-Rose fürs Beet.

Twenty-fifth

Diese Rose bringt Unmengen tief blutroter Blüten hervor, die einfach gefüllt sind. Ihre Blüten öffnen sich in großen Büscheln während des ganzen Sommers über. Jede Blüte zeigt einen schönen Kranz goldgelber Staubgefäße. Das Blattwerk ist dunkel, glänzend und sauber. Eine gesunde, nützliche kleine Rose.

Beales, Großbritannien, 1996, 60 x 60 cm

Patio- und Zwergrosen

Patiorosen

Patiorosen sind nichts anderes als besonders kompakt wachsende Floribundas, die ob ihrer Größe und Wuchsform gut in Kübel passen, auch wenn letztlich alle Rosen im Kübel gezogen werden können. Sogar die besonders wüchsigen Rambler lassen sich in Töpfen ziehen, wenn diese nur groß genug sind und sie ausreichend Dünger bzw. Wasser bekommen. Und natürlich können Sie Ihre Patio-Rosen auch in den Garten setzen, wo sie sich im Vordergrund eines Beetes oder als Solitär in einem kleinen Garten wunderbar machen.

Apricot Sunblaze (Apricot Meillandina)
Diese Rose wächst dicht und aufrecht mit kleinen, glänzenden Blättern. Ihre orangeroten Blüten, die sich erst becherförmig, dann immer flacher öffnen, sind dicht gefüllt. Meist erscheinen sie in Büscheln, wobei Einzelblüten möglich sind.
Saville, USA, 1984, öfterblühend, 38 x 25 cm

Dresden Doll
Halb gefüllte Blüten in weichem Rosa, die sich becherförmig öffnen. Die Knospen sind stark bemoost und erscheinen in Büscheln. Auch die Triebe sind mit Moos bedeckt, das seinen würzigen Duft allerdings erst bei Berührung zeigt. Eine sehr kompakte und ungewöhnliche Rose.
Moore, USA, 1975, öfterblühend, 30 x 25 cm

Regensberg (Buffalo Bill)
Große, doppelt gefüllte Blüten in hellem Kirschrot mit weißen Streifen, Rändern und weißer Mitte. Die Abseite der Blüten ist ebenfalls silberweiß. Sie gehört zu den so genannten „Malerrosen", für die der Züchter bekannt ist.
McGredy, Neuseeland, 1979, öfterblühend, 45 x 45 cm

Robin Redbreast
Einfach gefüllte blutrote Blüten mit cremeweißer Mitte, die im Sommer reichlich in Büscheln an dem hübschen Strauch erscheinen. Die Blätter sind glänzend und von mittlerem Grün, sitzen allerdings auf stachligen Trieben. Neigt zum Wuchern.
Ilsink, Niederlande, 1984, öfterblühend, 45 x 45 cm

Sweet Dream
Ein weiches, pfirsichfarben überhauchtes Apricot. Die doppelt gefüllten Blüten öffnen sich becherförmig und erscheinen gewöhnlich in Büscheln, obwohl auch hier Einzelblüten durchaus möglich sind. Sehr dichtes, stark glänzendes Laub. Die Pflanze zeigt sich ausnehmend krankheitsresistent und wächst kompakt.
Fryer, Großbritannien, 1988, öfterblühend, 45 x 30 cm

Zwergrosen

Zwergrosen waren zu Beginn des 19. Jahrhunderts sehr beliebt, doch zu jener Zeit standen nur wenige Sorten in wenigen Farben zur Verfügung, sodass sie bald in Vergessenheit gerieten. Erst als in den Zwanzigerjahren die Sorte „Rouletii" in der Schweiz neu entdeckt wurde, begann für die Zwergrosen eine neue Ära.

Heute nehmen sich die Züchter wieder vermehrt der Zwergrosen an. Am besten erwirbt man Zwergrosen auf eigener Wurzel, da diese weniger stark wachsen als ihre veredelten Kolleginnen. Zwergrosen werden häufig als Zimmerpflanzen verkauft, doch keine Rose sollte ihr Leben nur in geschlossenen Räumen verbringen müssen. Dafür sind sie nicht geeignet. Zwergrosen geben wunderbare Wintergartenpflanzen ab und eignen sich gut als Beeteinfassung.

Cinderella
Dicht gefüllte Blüten in rosig überhauchtem Weiß über kleinen, hellgrünen Blättern. Eine der besten Zwergrosen überhaupt, die sehr dicht und kompakt wächst.
De Vink, Niederlande, 1953, öfterblühend 30 x 25 cm

Easter Morning
Dicht gefüllte cremeweiße Blüten mit zitronengelbem Hauch, die außerdem einen feinen Duft aufweisen. Das Blattwerk ist dunkelgrün, was einen wunderschönen Kontrast zu den Blüten bildet. Dichter Wuchs, der eher in die Breite geht.
Moore, USA, 1960, öfterblühend, 30 x 30 cm

Hula-Girl
Spitze Knospen öffnen sich zu einer doppelt gefüllten Blüte in hellem Orangerot bzw. Lachs mit einem Hauch von Gelb am Ansatz. Blüht lange und sehr reich. Glänzendes Laub.
Williams, USA, 1975, öfterblühend, 30 x 30 cm

June Time
Die dicht gefüllten Blüten sind von zartem Rosa mit einer Abseite in dunklerem Rosa. Sie erscheinen in kleinen Büscheln über dunkelgrünem, glänzendem und gesundem Laub. Die Rose wächst dicht und neigt dazu, Ausläufer zu treiben.
Moore, USA, 1963, öfterblühend, 30 x 30 cm

Strauchrosen

Es gibt unendlich viele Strauchrosen-Arten. Einige blühen nur im Sommer, andere setzen bis in den Herbst hinein Blüten an. Die einen tragen nach der Blüte Hagebuttenschmuck, wieder andere lassen sich problemlos als Kletterrosen ziehen. Es gibt Strauchrosen, die mühelos jeden mir bekannten Menschen überragen, und andere, die sich mit kniehohem Wuchs begnügen. Farblich variieren sie von Weiß über Rosa bis zu tiefem Purpurrot. Einige tragen einfache Blüten, andere sind dicht gefüllt. Viele duften ganz wunderbar, und doch gibt es auch Strauchrosen, die überhaupt keinen Duft zeigen. Und so könnte man die Liste möglicher Rosenmerkmale mühelos fortsetzen ... Die einzelnen Strauchrosen-Arten unterscheiden sich untereinander sehr stark, innerhalb ihrer Gruppe aber teilen sie ganz bestimmte Charakteristika vor allem im

„*Alba Maxima*" hat das typische graugrüne Alba-Laub.

Hinblick auf Habitus und Blütenform. Natürlich sollten Sie sich nicht nur von der Gruppenzugehörigkeit leiten lassen, wenn Sie die passende Rose für Ihren Garten auswählen, doch wenn Sie die allgemeinen Merkmale der Gruppe kennen, wird Ihnen dies die Entscheidung mit Sicherheit erleichtern. Auf jeden Fall sind Strauchrosen äußerst vielseitig. Sie machen sowohl im Staudenbeet als Leitpflanze wie auch als Solitär im Garten oder im Topf eine gute Figur.

Alba-Rosen (Rosa alba)
Die Alba-Rosen lassen sich bis ins 15. Jahrhundert zurückverfolgen. Sie gehören zu den ältesten erhältlichen Rosenarten. Ihr Laub ist charakteristisch graugrün, die Blüten zeigen sich in einem Reigen von zarten Pastelltönen. Die dunkelste Farbschattierung ist ein silbriges Rosa. Alba-Blüten sind von ausnehmend zarter Schönheit. Sie duften stark und erscheinen Mitte des Sommers in ungeheurer Fülle. Außerdem gehören Alba-Rosen zu den gesündesten Rosen überhaupt. Ihr mattes Laub scheint geradezu resistent gegen Pilzkrankheiten. *Rosa alba „Maxima"* mit ihren doppelt gefüllten weißen Blüten soll die Weiße Rose von York gewesen sein, welche Edward, Herzog von York, der spätere Edward IV., als Symbol seines Hauses wählte, als er 1461 gegen das Haus Lancaster zu Felde zog

„Alba Semiplena" **bringt im Herbst schöne Hagebutten hervor.**

und siegte. Die Alba-Rose „Maiden's Blush", deren Name an das zarte Erröten eines jungen Mädchens erinnert, hat meinen Vater, den weltbekannten Rosenzüchter Peter Beales, in jungen Jahren so begeistert, dass er sein ganzes Leben den Rosen widmete. Ohne seine Inspiration wäre wohl auch ich keine so begeisterte Rosenfreundin geworden.

Alba Maxima

Auch als „Jakobitenrose" und „Weiße Rose von York" bekannt. Viele Fachleute halten sie für die berühmte „Rose von York", wenngleich es auch Experten gibt, welche diese Rolle der Wildform der Rosa alba zusprechen. Sie ist doppelt gefüllt. Die weißen Blüten zeigen sich mitunter goldgelb überhaucht. Im Schatten machen sich sogar rosige Töne bemerkbar. Die Blüten duften lieblich und besonders fein, wenn sie im Sommer in Büscheln vor dem graugrünen Laub erscheinen. Die aufrecht wachsenden Triebe sind eher stachlig. Manchmal setzt sie im Herbst eiförmige Hagebutten an.

Von unbekannter Herkunft, 15. Jahrhundert oder eher, sommerblühend, 1,8 x 1,2 m

Alba Semiplena

Einfach gefüllte Blüten von reinem Weiß. Die leicht becherförmigen Blüten zeigen einen Kranz goldgelber Staubgefäße und duften süß. Das matte Laub ist von dunklem Grün. Diese Alba-Rose bringt im Herbst zuverlässig viele Hagebutten hervor.

Von unbekannter Herkunft, 16. Jahrhundert oder eher, sommerblühend, 2,5 x 1,5 m

Celeste

Auch als „Celestial" bekannt. Eine wunderschöne Rose mit sehr runden, sich weit öffnenden Blüten von zartem Rosa. Sie duften gut und erscheinen im Sommer für zwei bis drei Wochen in großer Zahl. Die kurze Blütezeit wird

durch das schöne graugrüne Laub wieder wettgemacht. Der Duft ist stark, aber nicht ungewöhnlich. Auch im Hinblick auf Krankheitsresistenz und Wuchs erweist „Celeste" sich als ausgesprochen gute Rose.
Von unbekannter Herkunft, sehr alt, sommerblühend, 1,8 x 1,2 m

Königin von Dänemark

Wird im angelsächsischen Raum als „Queen of Denmark" gehandelt. Sie zeigt vielleicht die intensivste Farbe von allen Alba-Rosen – ein tiefes, silbriges Rosa. Die Blüten sind mitunter etwas kleiner als die ihrer Verwandten, duften aber sehr stark und sind dicht gefüllt. Die Blätter erscheinen ein wenig derber als bei den anderen Albas.
Booth, Dänemark, 1826, sommerblühend, 1,5 x 1,2 m

Mme Legras de Saint Germain

Die Blüten sind nicht ganz so groß wie bei den restlichen Alba-Rosen, dafür aber von vollkommener Form. Sie zeigen sich cremeweiß mit zitronigem Hauch und erscheinen in großer Fülle in der Sommermitte. Der Duft ist unbeschreiblich zart und verlockend. Alba-Rosen duften morgens am stärksten. Das Laub ist von hellem Graugrün, „Mme Legras" hat nur wenige Stacheln. Sie ist eine besonders gesunde Vertreterin ihrer Art und kann auch gut als Kletterrose gezogen werden, was sich aufgrund der unübertroffenen Blütenform lohnt.
Frühes 19. Jahrhundert, sommerblühend, 2,1 x 1,8 m

Great Maiden's Blush

Dies ist eine wunderschöne Rose mit zartrosa Blüten von unübertrefflichem Duft. Sie sind üppig gefüllt und bilden einen perfekten Kontrast zu dem gesunden graugrünen Laub. In Frankreich nennt man sie auch „Cuisse de Nymphe", offensichtlich glaubte man die Oberschenkel der Nymphen von demselben Rosa belebt. Doch den konservativ-viktorianischen Engländern war diese Bezeichnung offensichtlich zu sinnlich.
Von unbekannter Herkunft, vermutlich vor dem 15. Jahrhundert, sommerblühend, 1,8 x 1,5 m

Bourbonrosen (Rosa borboniana)

Bourbonrosen stammen von der Île de Bourbon im südindischen Ozean, die heute den Namen Réunion trägt. Die Art umfasst Rosen, deren Wuchs sehr verschieden ausfallen kann. Einige Bourbonrosen werden nur etwa einen Meter hoch, andere wachsen sich zu hohen Sträuchern aus. Wieder andere lassen sich gar als Kletterrosen ziehen oder haben kletternde Sports hervorgebracht. (Die Kletterrosen dieser Gruppe werden auf Seite 121 beschrieben.) Die Blüten zeigen sich in vielen Farbtönen von Weiß bis hin zu tiefem Purpurrot. Gewöhnlich duften sie gut, einige sogar sehr intensiv. Bourbonrosen haben fast durchweg gefüllte Blüten und remontieren gut, verschiedene blühen sogar den ganzen Sommer über bis in den Herbst hinein. Sie haben glänzende, eiförmige Blätter von mittlerer Größe. Unter den Bourbonrosen finden wir einige der berühmtesten Rosen der Welt. Leider sind sie anfällig für Mehltau und ziehen daher Halbschatten einer reinen Südlage vor.

Boule de Neige

Wie der Name, zu deutsch „Schneeball", suggeriert, biegen die Blütenblätter dieser Bourbonrosen sich stark zurück, sodass sie einen schönen Ball formen. Die Knospen zeigen häufig Spuren von Purpur, die jedoch bei der voll erblühten Rose verschwunden sind. „Boule de Neige" duftet intensiv und hat dunkles, glänzendes Blattwerk. Am richtigen Standort blüht sie sehr gut nach.
Lacharme, Frankreich, 1867, remontierend, 1,2 x 1 m

Commandant Beaurepaire

Eine sehr elegante Sorte mit großen Blüten, die sich rosa, weiß und purpurfarben gestreift bzw. marmoriert zeigen. Sie duften überaus gut und öffnen sich, sodass die gelben Staubgefäße in der Mitte sichtbar werden. Die Blätter von tiefgrüner Farbe sind lang und zugespitzt.

„Mme Isaac Pereire" duftet außergewöhnlich gut.

„Commandant Beaurepaire" steht am besten halbschattig, weil sich nur dort ihr unglaubliches Farbenspiel entwickeln kann. Eine gute Rose, die man im Auge behalten sollte, wenn man eine mehrfarbige Sorte pflanzen möchte.
Moreau-Robert, Frankreich, 1874, remontierend, 1,5 x 1,5 m

Zigeunerknabe (Gipsy Boy)
Eine recht starkwüchsige Sorte, die auch als Kletterrose eine gute Figur macht. Die Blüten sind nicht allzu groß, aber sehr dicht gefüllt und von intensiv scharlach-karminroter Farbe. Sie duften fein und hüllen den Strauch während der Blütezeit im Sommer regelrecht in eine Duftwolke. Das leicht runzlige tiefgrüne Laub sitzt reichlich an den Zweigen. Die kraftstrotzende Rose bringt den ganzen Sommer über neue Triebe hervor und setzt häufig Hagebutten an.
Lambert, Deutschland, 1909, sommerblühend, 1,8 x 1,2 m

Louise Odier
Eine ausgezeichnete Rose. Ihre runden, dicht gepackten Knospen öffnen sich zu üppig gefüllten, becherförmigen Blüten von starkem Duft und silbrigem Rosa. Die Blüten werden mit der Zeit flacher und zeigen am Ende sogar die Staubgefäße und die verkürzten inneren Blütenblätter, die häufig einen Lilaschimmer aufweisen. Wenn die abgeblühten Blütenstände regelmäßig entfernt werden, bringt „Louise Odier" den ganzen Sommer über Blüten hervor. Da sie von überhängendem Wuchs ist, kann sie auch an einer Wand als Kletterrose gezogen werden.
Margottin, Frankreich, 1851, öfterblühend, 1,5 x 1,2 m

Mme Isaac Pereire
Die riesigen Blüten von „Mme Isaac Pereire" wachsen ein wenig unordentlich. Die Farbe lässt sich am besten mit purpurgetöntem Rosa beschreiben. Sie bleicht in der Sonne aus, allerdings breitet sich dort ihr schwerer Duft besonders gut aus. Die langen, überhängenden Triebe machen sie auch als Kletterrose geeignet. Besonders schön sind in diesem Fall die nickenden Blütenbälle, die von unten betrachtet viel besser wirken. Frühe Blüte zeigt häufig Deformationen, doch da die Rose reichlich nachblüht, können Sie die deformierten Blüten unbesorgt einfach wegschneiden. Die Blätter sind groß, spitz zulaufend und zeigen am Rand einen rötlichen Schimmer.
Garçon, Frankreich, 1881, öfterblühend, 2,1 x 1,5 m

Mme Pierre Oger
Mme Pierre Oger ist ein Sport von „La Reine Victoria" und zeigt wie diese dicht gefüllte Blüten, die sich kugelig entwickeln. Sie sind von zartem Rosa und starkem Duft. Die Farbe intensiviert sich im Schatten. Diese Rose zeigt eine ausgezeichnete Form und ist ihrer Schönheit halber sehr beliebt. Die Blätter sind von mittlerem Grün und laufen spitz zu. Bedauerlicherweise sind sie gegen Ende der Saison recht krankheitsanfällig, doch dies sollte Sie keineswegs

davon abhalten, sich für diese schöne Rose zu entscheiden, da das Problem durch Spritzen in den Griff zu bekommen ist.
Verdier, Frankreich, 1878, öfterblühend, 1,2 x 1,2 m

Souvenir de la Malmaison
Dies ist eine der schönsten Rosen überhaupt. Ihre großen Blüten öffnen sich flach und zeigen sich schön geviertelt. Sie sind zart rahmfarben mit rosa Anflug und duften unbeschreiblich gut. Sie erscheinen den ganzen Sommer über immer wieder, die Pflanze zeigt starken Wuchs. Nur wenn es viel regnet, neigen die Blüten zum Verkleben. Dies ist jedoch der einzige Nachteil dieser Rose, der in Wirklichkeit keiner ist, denn die äußeren Blütenblätter können von Hand geöffnet werden, dann zeigt sich die Blüte in ihrer ursprünglichen Schönheit. Es heißt, Kaiserin Joséphine habe 1814 dem russischen Zaren Alexander eine Blüte dieser unvergleichlichen Rose überreicht und dabei gesagt: „Eine Erinnerung an Schloss Malmaison" – „Souvenir de la Malmaison". Als später ein russischer Großherzog Frankreich erneut einen Besuch abstattete, habe er sich dieser Worte erinnert und vorgeschlagen, einen Sämling, den der Züchter Beluze nach Malmaison geschickt hatte, nach diesem historischen Ausspruch zu benennen. Dieser Sämling hat all die wunderschönen Malmaison-Rosen hervorgebracht, die heute in unseren Gärten stehen.
Beluze, Frankreich, 1843, öfterblühend, 1,8 x 1,8 m

● Zentifolien (Rosa centifolia)
Die Zentifolien sind auch als „Kohlrose" oder „Provence-Rose" bekannt. Zentifolie bedeutet wörtlich „Die Hundertblättrige". Die ersten Zentifolien kennen wir aus dem 15. und 16. Jahrhundert. Sie haben große Blüten von etwas unordentlichem Habitus, weshalb man sie auch „Kohlrose" nennt. Man findet sie häufig auf den Bildern alter Meister aus Flandern und den Niederlanden. Tatsächlich waren es die niederländischen Züchter jener Zeit, die sich der Zentifolie in besonderer Weise annahmen. Da sie recht eindrucksvolle Büsche hervorbringen, sind sie im Garten meist nicht leicht unterzubringen. Wenn Sie aber genug Platz für die langen, überhängenden Triebe haben, sollten Sie auf die größeren Zentifolien keineswegs verzichten, denn sie werden Ihnen riesige, wunderbar geformte Blüten von intensivem Duft bescheren, die selbst im Rosenreich ihresgleichen suchen. Denken Sie daran, dass solch eine Blütenfülle gewöhnlich eine Stütze braucht. Die kleineren Zentifolien aber geben schöne Gartensträucher ab, die so manchem Beet einen interessanten Farbtupfer aufsetzen.

Blanchefleur
Die Blüten sind etwas kleiner, als bei den Zentifolien üblich. Die dicht gefüllten Blüten sind weiß mit gelegentlich rosafarbenem Rand und öffnen sich flach, wobei sie einen köstlichen Duft verströmen. Im Sommer erscheinen sie reichlich in Büscheln. „Blanchefleur" ist von kompakterem Wuchs als die meisten ihrer Artgenossinnen und zeigt graugrünes, weiches Laub. Sie wächst auch auf nährstoffarmer Erde und glänzt besonders an halbschattigen Standorten. Daher gehört sie zu den gartenwürdigsten Rosen-Sorten.
Vibert, Frankreich, 1835, sommerblühend, 1,5 x 1,2 m

Fantin Latour
Diese ist eine der schönsten Zentifolien. Sie hat üppig gefüllte, geviertelte Blüten, die sich flach öffnen. Die Farbe ist ein sanftes Puderrosa, der Duft komplex und wundervoll. Ihre attraktiven grünen Blätter sind eher rund. Der Strauch wächst überhängend. Von ihrer Herkunft weiß man leider nur, dass sie nach dem berühmten Maler Henri Fantin-Latour benannt wurde.
Vermutlich 19. Jahrhundert, sommerblühend, 1,5 x 1,2 m

Rose de Meaux
Dies ist eine der niedrigsten und kompaktesten Zentifolien. Sie wächst aufrecht und wird kaum

höher als 60 cm. Die doppelt gefüllten, becherförmigen Röschen stehen in Relation zur Größe des Strauches und zeigen ein weiches, helles Rosa. Die kleinen Blätter sind graugrün und laufen spitz zu. Eine hübsche, kleine Rose, die im Topf oder im Vordergrund eines Beetes auf sich aufmerksam zu machen versteht.
Sweet, Großbritannien, vor 1789, sommerblühend, 60 x 60 cm

Tour de Malakoff
Eine der dunkelsten Zentifolien in violett getöntem Karminrot mit großen, nicht sehr dicht gefüllten Blüten. Die Farbe verblasst allmählich zu Purpur und dann zu grautonigem Mauve. Der Duft ist einfach überwältigend. Der kraftvolle Strauch zeigt einen lockeren Wuchs und schätzt eine Stütze für seine langen, überhängenden Triebe. „Tour de Malakoff" wird häufig auch als „Taftrose" bezeichnet.
Soupert et Notting, Luxemburg, 1856, sommerblühend, 1,5 x 1,2 m

White Provence
Auch als „Vierge de Cléry" im Handel. Die Rose wächst mitunter recht unordentlich, doch die Blüten machen dies wieder wett, wenn nicht gerade Regenwetter herrscht, was sie gar nicht mögen. Ihr cremiges Weiß zeigt sich am Ansatz der Blütenblätter zitronig überhaucht. Die Blüten erscheinen später als bei den meisten einmalblühenden Rosen und verströmen einen intensiven Duft. Dies ist eine Rose für echte Kenner.
1775 in Großbritannien gefunden, sommerblühend, 1,5 x 1,2 m

Chinarosen (Rosa chinensis)
Wie schon ihr Name sagt, kommen Chinarosen aus China. Dort sollen sie schon im 10. Jahrhundert die Herzen ihrer Betrachter erfreut haben. Für die Geschichte der Rosenzucht sind sie von eminenter Bedeutung, da ihr Erbgut für die lange Blütezeit der meisten modernen Rosen verantwortlich ist. Die Chinarose zeigt sich in zahlreichen Farben und Wuchsformen. Einige ihrer Sorten duften sogar. Sie geben ausgezeichnete Beetrosen ab, passen aber auch gut in Töpfe oder – zu mehreren gepflanzt – als Solitäre in den Garten. Allerdings sind nicht alle Chinarosen gleichermaßen winterhart. In kälteren Regionen brauchen sie guten Winterschutz. Daher sind sie hervorragende Rosen für Gewächshaus oder Wintergarten.

Cécile Brunner
Auch als „Sweetheart-Rose" bekannt. Die Einzelblüten sind nicht besonders groß, aber höchst elegant geformt. Wenn sie in Massen auftreten, wirken sie trotz ihrer geringen Größe beeindruckend. Sie sind von zartem Muschelrosa und haben eine sehr spitze Knospe, die sich zu einer etwas unordentlichen Blüte öffnet. Die Blüten sitzen auf hohen Stielen, was sie zur idealen Knopflochrose macht. Das Laub erscheint eher spärlich, die Blättchen sind klein und schmal. Nichtsdestotrotz wartet „Cécile Brunner" mit kräftigem Wuchs auf und ist daher als hervorragende Allround-Rose zu werten, die es auch in einer weißen und einer kletternden Form gibt.
Pernet Ducher, Frankreich, 1881, öfterblühend, 1,2 x 0,6 m

Old Blush
Auch als „Parson's Pink China" bekannt. Diese Rose ist besonders wichtig, weil sie in verschiedenen Zuchtprogrammen zum Einsatz kam, wo sie ihre Fähigkeit zu remontieren an zahlreiche bedeutende Sorten weitergab. Sie wurde in China entdeckt und in den 1780er-Jahren nach England gebracht, stellt aber auch heute noch eine gartenwürdige Sorte dar. Ihre einfach gefüllten Blüten sind von silbrigem Rosa und verströmen einen leichten Duft. Der wüchsige Strauch kann auch als Kletterrose verwendet werden, wenn man ihm ein wenig Unterstützung zuteil werden lässt.
Parson, China, öfterblühend, 1,8 x 1,2 m

Mutabilis
„Mutabilis" ist als Rose unverkennbar, denn keine andere bringt so viele Blütenfarben an einem

„Cécile Brunner" (hier ums Zweifache vergrößert) zeigt kleine Büschel teerosenförmiger Blütchen.

Strauch hervor. Die Einzelblüte zeigt nach dem Erblühen viele verschiedene Farben von Apricot über Gelb, Orange und Rosa hin zu Rot. Später dunkeln die Blüten zu kräftigem Himbeerrot nach. Das klingt recht merkwürdig, doch das Resultat ist überwältigend. Aus diesem Grund gehört diese Rose auch zu meinen Favoriten. Sie ist nicht nur einzigartig, das Ergebnis dieser Einzigartigkeit ist auch noch ein absolut umwerfender Anblick. Der Neuaustrieb zeigt sich zudem bronzefarben, was der unglaublichen Farbpalette von „Mutabilis" noch eine weitere Schattierung hinzufügt. Die Wuchsform hängt vom Standort ab. Manchmal bleibt die Rose vergleichsweise klein, dann wieder schwingt sie sich in enorme Höhen auf und kann kletternd gezogen werden.

China, 1932, öfterblühend, 1,2 x 1 m

Perle d'Or
Die „Goldperle" ähnelt „Cécile Brunner", wenngleich mir ihre Farbe besser gefällt. Ihr rahmiges Bernsteingelb ist rosa überhaucht und zeigt Spuren von Apricot. Die Blüten sitzen in Büscheln auf langen Stielen. Sie wächst weniger sparrig als „Cécile Brunner", ist aber – wie alle Chinarosen – immer noch nicht besonders gefällig im Wuchs. Ihre Triebe präsentieren sich fast stachellos. Das Laub ist dunkel. „Perle d'Or" braucht einen guten Standort, dann wächst sie mitunter auch höher als unten angegeben.
Dubreuil, Frankreich, 1884, öfterblühend, 1,2 x 0,6 m

Sophie's Perpetual
Ich habe zunächst einmal gezögert, diese Rose bei den Strauchrosen aufzunehmen, mich dann aber trotzdem dafür entschieden, denn ihr Höhenwachstum ist nur unter Idealbedingungen befriedigend. Wenn Sie ihr also die besten Bedingungen bieten, müssen Sie damit rechnen, dass sie sehr viel größer wird, als unten angegeben. Ich liebe diese Rose, die vielleicht nicht die beeindruckendsten Blüten besitzt, doch sehr gut duftet und sich als unglaublich gesund erweist. Die Blüten sind einfach gefüllt und von zartem Rosa, das sich an den Rändern zu Kirschrot verdunkelt. Sie blüht sehr reich in kleinen Büscheln. Das Laub ist dunkel und sehr widerstandsfähig.
Wieder eingeführt 1960, Großbritannien, öfterblühend, 2,5 x 1,2 m

„Quatre Saisons" ist eine jener Damaszenerrosen, die in erster Linie um ihres Duftes willen berühmt geworden sind.

Viridiflora
Auch als „Grüne Rose" bekannt. Dies ist eine Besonderheit unter den Rosen, da die Blüten nahezu deformiert erscheinen. Die normalen Blütenblätter sind durch grüne, braun gefleckte Hochblätter ersetzt, die im Heranreifen eine tabakbraune Farbe annehmen. Dies ist eine Rose für Sammler oder Floristen, die sie zu recht attraktiven Gestecken binden. Im Allgemeinen zeigt „Viridiflora" sich gesund. Sie erfordert wenig Geschick in der Pflege.
Von unbekannter Herkunft, etwa um 1833, öfterblühend, 1 x 1 m

• Damaszenerrosen (Rosa damascena)
Die Damaszenerrosen waren schon in der Antike bekannt. Im Nahen Osten schätzte man sie ob ihres unvergleichlichen Duftes. Daher nutzte man sie auch zur Gewinnung von Rosenattar oder Rosenöl. Wann sie genau nach Europa kamen, ist unbekannt, doch es ist auf jeden Fall schon ziemlich lange her. Es gibt zwar nur wenige Sorten, aber bei diesen handelt es sich durchweg um außergewöhnlich schöne Rosen, deren Blütenfarbe von zartem Rosa bis zu Weiß reicht. Im Allgemeinen duften Damaszenerrosen sehr gut, blühen allerdings – von ein oder zwei Ausnahmen abgesehen – nur einmal im Jahr. Zu diesen Ausnahmen gehört die bekannte „Quatre Saisons", die in beiden Varietäten einen schönen

„Mme Hardy" ist am grünen Auge in der Mitte der weißen Blüte gut zu erkennen.

zweiten Flor zeigt. Sie wurde für die römischen Rosenfeste eingesetzt, die Rosalia, die im Frühsommer und noch einmal im Herbst abgehalten wurden.

Ispahan

Die Rose blüht nur einmal, aber ausgesprochen lange. Ihre stark duftenden Blüten sind dicht gefüllt und schön geformt. Die Blütenblätter in weichem Rosa öffnen sich zur eleganten Becherform. Der Strauch zeigt sich wüchsig mit sattgrünem Laub und nur wenigen Stacheln.
Naher Osten, vermutlich Persien, vor 1832, sommerblühend, 1,2 x 1 m

Trigintipetala

Auch als „Rose von Kazanlik" oder „Ölrose" bekannt. „Trigintipetala" ist eine wunderbare Rose mit intensivem Duft, die zur Gewinnung von Rosenöl eingesetzt wird. Ihre halb gefüllten, seidigen Blüten zeigen einen tiefen, warmen Rosaton, der im Heranreifen nur wenig verblasst. Ein ausgezeichneter Strauch, der wegen seiner Blütenfülle eine Stütze braucht.
Naher Osten, Herkunft unbekannt, sommerblühend, 1,5 x 1,2 m

Leda

Im angelsächsischen Raum auch „Painted Damask", also „Bemalte Damaszenerrose" benannt. Ihren zweiten Namen trägt sie aufgrund der schönen karminroten Zeichnung am Rand der ansonsten reinweißen Blütenblätter, die so wirken, als habe man sie eben mit dem Pinsel gestreift. Die äußeren Blütenblätter öffnen sich weit, während die inneren um die Mitte eingerollt sind, was eine wunderschöne Blütenform ergibt. „Leda" duftet und zeigt sich allgemein als gesunde, sauber abblühende Pflanze.
Vermutlich frühes 19. Jahrhundert, sommerblühend, 1,5 x 1 m

Mme Hardy

Eine berühmte historische Rose. Ihre weißen Blüten sind dicht gefüllt und recht groß. Im Zentrum zeigen sie ein charakteristisches grünes Auge. Der Duft ist überwältigend. Sobald diese Rose etabliert ist, bringt sie zuverlässig Jahr für Jahr einen wahren Blütenreigen hervor, der das grüne Laub fast verschwinden lässt. Sie wächst kräftig, blüht sauber ab und zeigt hellgrüne, leicht glänzende Blätter.
Hardy, Frankreich, 1832, sommerblühend, 1,5 x 1,5 m

Quatre Saisons

Auch als „Herbst-Damaszenerrose" bekannt. Bereits der Name weist darauf hin, dass diese Damaszenerrose öfter blüht. Tatsächlich erscheinen die Blüten zwei Mal im Jahr in reicher Fülle. Sie sind von zartem Rosa und einfach gefüllt.

Da sie so intensiv duften, eignen sie sich hervorragend für Rosen-Potpourris. „Quatre Saisons" wächst in vielerlei Hinsicht etwas unordentlich. Der zweite Flor erscheint an den im Sommer entstehenden diesjährigen Trieben, was Sie beim Schneiden im Hinterkopf behalten sollten. Es gibt eine bemooste Varietät mit weißen Blüten, die ebenfalls gut duften.
Naher Osten, sehr alt, remontierend, 1,2 x 1 m

Gallica-Rosen (Rosa gallica)

Während der Kreuzzüge im 12. und 13. Jahrhundert gelangten viele Rosen-Arten aus dem Nahen Osten nach Europa. Viele von ihnen waren vermutlich Gallica-Rosen. Im Mittelalter wurden Rosen von Heilkundigen zur Linderung der verschiedensten Leiden eingesetzt. *Rosa gallica officinalis* wurde sehr häufig für diesen Zweck eingesetzt, daher trägt sie auch den Namen „Apothekerrose". Sie gilt auch als die „Rote Rose von Lancaster", die Henry IV. bei den Rosenkriegen als Symbol für sein Haus wählte. Später war es die französische Kaiserin und Rosenliebhaberin Joséphine, die sich in die Gallica-Rose verliebte. Es heißt, sie habe mehr als 150 Varietäten in ihrem Garten auf Schloss Malmaison gezogen. Gallica-Rosen sind im Allgemeinen wüchsig und recht unempfindlich. Die meisten weisen einen köstlichen Duft auf. Die Farbpalette reicht von Rosa über Karminrot hin zu tiefem Weinrot. Dabei unterscheiden sich die Blüten in der Form mitunter stark, es gibt sehr dicht gefüllte Sorten, aber auch solche mit einfacher Füllung. Die Sträucher wachsen ordentlich und haben nur wenige Stacheln. Sie wachsen auch in wenig nährstoffreicher Erde noch gut und blühen in großer Fülle in der Sommermitte. Daher sind sie fast auf der ganzen Welt verbreitet. Auf eigener Wurzel bildet *Rosa gallica* große Sträucher. In dieser Gruppe finden sich einige der schönsten Rosen, ohne die kein Garten wirklich vollkommen ist.

Belle de Crécy

Mittelgroße Blüten von lila getöntem Purpur, die schließlich zu Mauve verblassen. Obwohl es Rosen gibt, deren Farbenspiel das der „Belle de Crécy" noch übertrifft, ist sie eine höchst nützliche Rose, weil sie – anders als ihre Artgenossinnen desselben Farbtyps – kompakte, kleine Sträucher bildet. Was die Blüten angeht, so sind sie natürlich sehr vom Wetter abhängig. Im Allgemeinen duften sie gut. Die Rose wächst aufrecht und ist nahezu stachellos.
Hardy, Frankreich, 1829, sommerblühend, 1,2 x 1 m

Cardinal de Richelieu

Die dicht gefüllten, magentaroten Knospen öffnen sich zu voll gefüllten Blüten von dunklem Purpur. Die Blütenblätter in der Mitte rollen sich nach innen, wobei sie ihre hellere Abseite zeigen und die Staubgefäße verdecken. „Cardinal de Richelieu" duftet gut und blüht in Büscheln. Das Laub ist tiefgrün und zeigt einen schönen, seidigen Schimmer. Beim Neuaustrieb leuchten die Blätter bronzefarben. Wenig bestachelt.
Laffay, Frankreich, 1840, sommerblühend, 1,2 x 1 m

Charles de Mills

Diese berühmte historische Rose hat sehr viele Liebhaber, die ihren unglaublich reichen Flor zu schätzen wissen. Die großen, dicht gefüllten Blüten öffnen sich zu flachen Schalen und bleiben dabei vollkommen rund. Die Farbe variiert von Karminrot bis Purpur mit violetten Reflexen. In meinem Garten duftet die Rose stark, doch es scheint Menschen zu geben, die ihren Duft nicht wahrnehmen. Die dunklen Blätter sitzen auf kräftigen Stielen.
Von unbekannter Herkunft, eine sehr alte Rose, sommerblühend, 1,2 x 1,2 m

Duchesse de Montebello

Eine wunderschöne Rose. Die Blüten sind dicht gefüllt, von reinem, weichem Rosarot und duften himmlisch. Die Blütenblätter in der Mitte rollen sich nach innen und umrahmen ein grünes Auge. Voll geöffnet zeigt die Blüte Schalenform. Das Laub ist vergleichsweise gesund und ziemlich dunkel. Die Rose treibt reichlich und kräftig.

Rosa Mundi war schon im 12. Jahrhundert bekannt.

Die pfirsichfarbenen Knospen von „Penelope“ öffnen sich zu flachen, cremeweißen Blüten mit lachsrosa Hauch.

„Duchesse de Montebello" wächst auch in nährstoffarmer Erde und gedeiht darüber hinaus auch im Halbschatten noch gut.
Laffay, Frankreich, 1829, sommerblühend, 1,2 x 1 m

Empress Josephine
Diese Rose wurde nach Kaiserin Joséphine benannt, die erste Gemahlin von Napoleon Bonaparte, die in Schloss Malmaison einen wunderbaren Rosengarten anlegte. Ihre gewellten Blütenblätter machen die etwas unordentliche Blütenform wieder wett. Die Blüten zeigen sich in dunklem Rosa, mit fliederfarbener Äderung. Zarte silberfarbene Reflexe tönen die Farbe ab. Die Blüten duften gut. Der Strauch wächst nicht besonders willig, zeigt sich aber gut belaubt. Im Allgemeinen gedeiht diese Rose mit dem ungewöhnlichen Farbenspiel auch unter weniger günstigen Bedingungen gut.
Von unbekannter Herkunft, vermutlich aus dem frühen 19. Jahrhundert, sommerblühend, 1,5 x 1,2 m

James Mason
Eine vergleichsweise junge Gallica-Züchtung meines Vaters und eine hervorragende Rose. Er kreuzte „Scharlachglut", eine Strauchrose aus den Fünfzigerjahren, mit der wundervollen „Tuscany Superb", um ein leuchtendes Scharlachrot in die Gallica-Familie zu bekommen, was ihm auch gelang. „James Mason" blüht im Sommer reich. Die Blüten zeigen sich schön gefüllt in samtigem Dunkelrot mit einem Strahlenkranz goldgelber Staubgefäße in der Mitte. Sie sind groß, duften leicht und ordnen sich in Becherform an. Das Laub ist dunkel, eher ledrig und bedeckt die Pflanze gut.
Beales, Großbritannien, sommerblühend, 1,5 x 1,2 m

Tuscany Superb
Diese wunderbare Rose musste ich einfach aufnehmen. Sie hat mittelgroße Blüten, die etwas dichter gefüllt sind als bei der Ursprungsform „Tuscany", deren Blütenfarbe dafür etwas dunkler ist. Die purpurroten Blüten verströmen einen köstlichen Duft und zeigen sich samtig sowohl in der Farbe als auch in der Struktur. Sie öffnen sich flach und enthüllen dabei einen Kranz leuchtend gelber Staubgefäße. Das Laub ist dunkelgrün und gesund, der Wuchs aufrecht.
Paul, Großbritannien, 1848, sommerblühend, 1,2 x 1 m

Moschata-Hybriden
Dies waren die ersten, wirklich „öfter" blühenden Strauchrosen. Man nannte sie zuerst „Teerosen-Hybriden", dann „Pemberton-Rosen" nach ihrem Züchter, Reverend Joseph Pemberton, der sie zwischen 1913 und 1926 schuf. Reverend Pemberton kreierte einige Rosensorten, die bis heute beliebt sind. Er züchtete den Großteil der Moschata-Hybriden, einige wurden jedoch erst nach seinem Tod eingeführt. Auch sie begleiten uns bis heute in den Gärten. Der Großteil der Moschata-Hybriden blüht in Büscheln, doch Blütenform und -farbe können in dieser Gruppe stark differieren. So gibt es schöne Moschata-Hybriden, die weiße Einzelblüten zeigen, andere treten uns mit blutroten Blütenbüscheln entgegen. Die meisten duften intensiv. Die Moschata-Hybriden sind ausgesprochen nützliche Gartenpflanzen. Die kleineren Formen eignen sich gut für die Topfkultur, die größeren lassen sich an einer Wand mühelos zur Kletterrose ziehen. Viele von ihnen werden sogar mit nährstoffarmer Erde und Halbschatten fertig.

Ballerina
Eine in allem überdurchschnittliche Rose. Die kleinen, einfachen Blüten erscheinen den ganzen Sommer über unermüdlich in dichten Dolden, vor allem, wenn die abgeblühten Blütenstände stets entfernt werden. Die Blüte zeigt sich rosafarben mit weißer Mitte. Das Laub ist eher klein, aber dicht. „Ballerina" ist eine wunderbare Topfrose.
Bentall, Großbritannien, 1937, öfterblühend, 1,2 x 1 m

Buff Beauty
Die Farbe, die in den angelsächsischen Ländern als „Buff" bezeichnet wird, hat im Deutschen

„Felicia" blüht sehr reich.

kein Äquivalent und kann nur umschreibend als weiß getöntes Bernsteingelb wiedergegeben werden. „Buff Beauty" aber zeigt in manchen Gärten auch einen klaren Apricot-Ton. Die Farbe hängt stark von der Erde und der Sonneneinstrahlung ab. Die Blüten sind dicht gefüllt und erscheinen in großen Büscheln. Das dunkelgrüne Laub glänzt intensiv. Die starkwüchsige Rose kann auch als Kletterrose gezogen werden, wenn sie ausreichend Stütze erhält.
Bentall, Großbritannien, 1939, öfterblühend, 1,5 x 1,5 m

Felicia
Eine der schönsten Moschata-Hybriden. Die mittelgroßen, gefüllten Blüten sind von weichem Rosa mit lachsfarbenen Reflexen. Sie duften gut. Im Frühherbst zeigen sie eine intensivere Farbe. Eine kräftige, gesunde Pflanze mit dunklen, leicht gekräuselten Blättern.
Pemberton, Großbritannien, 1928, öfterblühend, 1,2 x 1,2 m

Moonlight
Die kleinen Blüten sind locker gefüllt und von hellem Cremeweiß. Die Blütenblätter öffnen sich um einen Kranz goldgelber Staubgefäße. Sie stehen in großen Dolden an den Langtrieben. Das Laub ist dunkel, sehr gesund und bildet einen schönen Kontrast zu den hellen Blüten. Im Herbst tritt die gelbe Schattierung der Blüte stärker hervor.
Pemberton, Großbritannien, 1913, öfterblühend, 1,5 x 1,2 m

Penelope
Diese Rose zeigt recht große, locker gefüllte Blüten, deren gewellte Blütenblätter cremeweiß mit lachsrosa Anflug erscheinen. Sie öffnen sich flach und enthüllen dabei schöne goldgelbe Staubgefäße. Ihr Duft ist kräftig, der Wuchs aufrecht, das Laub dunkel. Werden die abgeblühten Blütenstände regelmäßig entfernt, blüht „Penelope" bis in den Herbst hinein.
Pemberton, Großbritannien, 1924, öfterblühend, 1,5 x 1,2 m

● Remontant-Rosen
Remontant-Rosen heißen so, weil sie remontieren. Das bedeutet, dass sie im Herbst einen zweiten Flor hervorbringen. Die meisten von ihnen wurden zu Beginn des 18. Jahrhunderts gezüchtet und sind als Vorläufer der späteren Teerosen zu betrachten. In der Viktorianischen Zeit waren sie ob ihrer großen, prachtvollen Blüten recht beliebt. Die Gruppe umfasst Pflanzen von eher kompaktem, aber auch solche mit breitem, überhängendem Wuchs. Die Blüten duften fast immer, manchmal auch sehr stark. Remontant-Rosen zieht man am besten in Gesellschaft anderer Rosen oder umgibt sie mit Stauden.

Baroness Rothschild
Dies ist eine wunderbare Rose mit sehr großen, voll gefüllten, becherförmigen Blüten von reinem, seidigem Rosa. Die Blüten sitzen auf kräftigen Stielen hoch über dem üppigen, tiefgrünen Laub. Der mittelgroße Strauch wächst schön aufrecht.
Pernet Père, Frankreich, 1868, remontierend, 1,2 x 1 m

„Baronne Prévost" duftet berauschend.

Baronne Prévost
Sehr dicht gefüllte Blüten von kräftigem Rosa und intensivem Duft. Sie erscheinen in großer Fülle beim ersten Flor, der zweite zeigt sich etwas spärlicher. Die Rose wächst überhängend, aber buschig. Das dunkle Laub verbirgt kräftige Stacheln. Eine attraktive Rose, die man am besten im Hintergrund des Beetes platziert.
Desprez, Frankreich, 1842, remontierend, 1,5 x 1,2 m

Éclair
Die dunkelroten, beinahe schwarzen Blütenblätter dieser dicht gefüllten Rose zeigen sich samtig und duften gut. Sie wächst aufrecht, ist eher stachlig und nur spärlich belaubt. Eine Rose, die unbedingt sehr nahrhaftes Erdreich benötigt.
Lacharme, Frankreich, 1833, remontierend, 1,2 x 1 m

„Ferdinand Pichard" gehört zu den schönsten zweifarbigen Rosen.

Ferdinand Pichard

Streifen von Karminrosa zeigen sich auf einem rosig überhauchten, weißen Hintergrund. Die Blüten sind locker gefüllt und duften gut. Sie erscheinen den ganzen Sommer über immer wieder an dem kräftigen Strauch, der gut nachtreibt. Die Blätter sind lang und spitz.
Tanne, Frankreich, 1921, remontierend, 1,5 x 1,2 m

Reine des Violettes

Die großen, dicht gefüllten Blüten sind von weichem Violett, das zu Mauve verblasst. Sie duften gut und öffnen sich flach und geviertelt, wobei die Blütenblätter in der Mitte sich nach innen wölben. Das Laub ist graugrün, die Triebe zeigen sich wenig bestachelt. Eine wunderbare Gartenrose, die auch im Topf gut gedeiht.
Millet-Malet, Frankreich, 1860, remontierend, 1,5 x 1 m

Moderne Strauchrosen und Englische Rosen

Moderne Strauchrosen sind Rosen, die erst in den letzten Jahrzehnten auf dem Markt eingeführt wurden. Da sie aus ganz unterschiedlichen Elternsorten entstanden sind, ist es schwierig, sie in eine der anderen Kategorien einzuordnen, und so hat man eben eine neue geschaffen. Sie umfasst die unterschiedlichsten Rosensorten, was Wuchsform, Größe und Farbe angeht. Einige von ihnen duften, andere nicht. Die meisten werden höher als einen Meter, einige wenige lassen sich aber auch als Kletterrosen verwenden. Der Großteil dieser Rosen ist recht gesund, einige jedoch müssen ein wenig gehätschelt werden. Viele tolerieren schlechte Boden- bzw. Lichtverhältnisse. Wie Sie sich vorstellen können, ist die Gruppe der modernen Strauchrosen ziemlich groß, daher kann ich Ihnen hier nur eine Auswahl vorstellen.

Die wichtigste Untergruppe sind die so genannten Englischen Rosen, die diesen Namen allerdings nur zum Zwecke der Vermarktung führen. In Wirklichkeit handelt es sich bei dieser Gruppe ebenfalls um moderne Strauchrosen. Englische Rosen sind Kreuzungen von alten bzw. historischen Sorten mit modernen Rosen, also mit Tee-Hybriden und Floribunda-Rosen. Englische Rosen sind meist recht starkwüchsig, wobei sie zu breitem, überhängendem Wuchs neigen.

Diejenigen mit langen, biegsamen Trieben lassen sich gut zu Kletterrosen ziehen. Einige von ihnen sind krankheitsanfällig, doch der Großteil präsentiert sich recht gesund – wie die meisten Rosen eben. Im Garten können sie – je nach Wuchsform – die verschiedensten Aufgaben erfüllen. Die kleineren, kompakt wachsenden Sorten eignen sich als Beet- oder Topfrosen, die größeren stehen gut im Staudenbeet oder als Solitär. Sie alle scheinen einen ordentlichen Rückschnitt zu schätzen. So hält man sie am besten im Zaum, damit sie nicht zu kopflastig werden. Die abgeblühten Blütenstände müssen regelmäßig entfernt werden, wenn die Rose wirklich öfter blühen soll.

Cuthbert Grant
Die Einzelblüte ist doppelt gefüllt und zeigt ein tiefes, samtiges Rot mit einem schönen Kranz goldener Staubgefäße in der Mitte. Am beeindruckendsten ist an dieser Rose jedoch die unglaubliche Blütenfülle, mit der sie aufwartet. Eine gesunde Rose mit glänzenden Blättern und ansprechendem Habitus.
Canadian Department of Agriculture, 1967, remontierend, 1,2 x 1 m

Graham Thomas
Eine der schönsten Englischen Rosen. Die becherförmigen Blüten sind von nuancenreichem Gelb, das später allmählich verblasst. Sie sind gut gefüllt und verströmen einen berauschenden Duft. Leider wächst die Pflanze eher sparrig. Die Blüten erscheinen in großen Dolden an langen Trieben. Das Blattwerk zeigt sich tiefgrün und glänzend.
Austin, Großbritannien, 1983, öfterblühend, 1,2 x 1 m

Jacqueline du Pré
Eine wunderbare Strauchrose, die sich durch ihre guten Eigenschaften von selbst empfiehlt. Ihre elfenbeinweißen Blüten sind locker gefüllt und öffnen sich auf einen Kranz roter bzw. goldfarbener Staubgefäße. Die Blüten sind geformt wie die einer Seerose und duften nach Moschus. Die etwas plumpen Knospen leuchten apricot vor dem Hintergrund des dunkelgrünen Laubes.
Harkness, Großbritannien, 1989, öfterblühend, 1,2 x 1,5 m

„Henry Kelsey" ist eine gesunde moderne Strauchrose.

Lichtkönigin Lucia
Dies ist eine ausgesprochen gesunde und vielseitig einsetzbare Strauchrose. Ihre gefüllten Blüten, die den ganzen Sommer über in Büscheln erscheinen, sind von strahlendem Gelb und duften zart. Die Rose wächst aufrecht, aber buschig, und zeigt tiefgrünes, glänzendes Laub. Es gibt nur wenige gelbe Strauchrosen, die es mit dieser aufnehmen können.
Kordes, Deutschland, 1966, öfterblühend, 1,2 x 1 m

Macmillan Nurse
Die etwas plumpen Knospen öffnen sich zu dicht gefüllten Blüten, die sich in der Mitte fast geviertelt zeigen. Sie sind weiß mit einem Hauch von Pfirsich am Ansatz der Blütenblätter und stehen in Büscheln über dem dunklen, glänzenden Laub. Die Pflanze wächst ordentlich und bringt den ganzen Sommer über reichlich Blüten hervor.
Beales, Großbritannien, 1998, öfterblühend, 1 x 1 m

„Macmillan Nurse" ist unübertroffen, was Gesundheit und Blütenreichtum angeht.

Mary Rose
Eine der besten Englischen Rosen mit karminrosa Blüten, die stark duften. Sie ähnelt einer alten Rose, da ihre Blüten becherförmig und dicht gefüllt sind. Die Blüten sitzen in Büscheln an langen, überhängenden Trieben. Das Laub glänzt dunkelgrün und bedeckt den ganzen Strauch, der sich im Habitus offen zeigt.
Austin, Großbritannien, 1983, öfterblühend, 1,2 x 1 m

Raymond Carver
Eine ausgezeichnete Rose, die von Colin Horner gezüchtet und von meinem Vater eingeführt wurde. Die Blüten zeigen ein zartes Bernsteingelb mit apricotfarbenen Reflexen. Sie sind locker gefüllt, die Blütenblätter ein wenig gewellt. Die Blüten duften köstlich. Sie erscheinen in Büscheln am Ende langer, gerader Triebe. Die Blätter sind groß, dunkel und im Neuaustrieb bronzefarben überhaucht. Die Rose wächst auch in nährstoffarmer Erde.
Beales, Großbritannien, 1999, öfterblühend, 1,2 x 1 m

Sadler's Well
Diese Sorte ist vor allem im Herbst beeindruckend, wenn die anderen Rosen bereits zu blühen aufgehört haben. Die Blüten sind locker gefüllt und von silbrigem Rosa, das am Rand zu Kirschrot nachdunkelt. Sie erscheinen in Büscheln von fünf oder sechs Blüten an kräftigen, geraden Stielen. Das Blattwerk ist dunkel und glänzend. Eine ausgezeichnete Schnittrose.
Beales, Großbritannien, 1983, öfterblühend, 1,2 x 1 m

Westerland
Für meinen Geschmack ist diese Rose ein wenig zu knallig. Trotzdem stellt sie eine gute Strauchrose dar, die überall eingesetzt werden kann. Die Blüten zeigen ein leuchtendes Apricot mit kräftig orangefarbenen Reflexen. Die Blüte kommt eher unordentlich daher und duftet nur leicht, doch die Blütenköpfe erscheinen regelmäßig den ganzen Sommer über an den kräftigen,

„Raymond Carver" ist eine sehr gesunde und blühfreudige Rose.

aufrecht wachsenden Trieben. Das Blattwerk ist tiefgrün.
Kordes, Deutschland, 1969, öfterblühend, 1,2 x 1 m

Moosrosen (Rosa centifolia muscosa)

Dies ist eine faszinierende Rosengruppe, die nicht nur mit ihren Blüten beeindruckt, sondern ebenso mit den Blütenstielen und den noch ungeöffneten Knospen, welche dicht mit moosartigen Drüsen besetzt sind. Diese Drüsen geben bei Berührung einen intensiven balsamischen Duft ab. Wegen jener Drüsen hat man für diese Rosen eine eigene Gruppe geschaffen, die „Moosrosen". In Wirklichkeit aber handelt es sich um bemooste Zentifolien. Die erste Moosrose kam im 19. Jahrhundert auf und wurde häufig zur Zucht eingesetzt. In der Folge entstanden zahlreiche bemooste Rosen. Nicht alle Rosen zeigen gleich viel „Moos". Einige von ihnen haben darüber hinaus noch viele Stacheln. Ich bin sicher, wären sie nicht so ungewöhnlich, wären die meisten von ihnen längst in Vergessenheit geraten. Doch jede Rose hat ihren Platz und auch unter den Moosrosen gibt es ausgezeichnete Sorten.

Alfred de Dalmas

Diese Rose ist möglicherweise mit den Portland-Rosen verwandt, zeigt aber so stark bemooste Stiele, dass man sie gemeinhin zu den Moosrosen zählt. Die becherförmigen Blüten sind leicht gefüllt und von zartem Muschelrosa. Die Rose duftet elegant. Anders als bei den meisten Moosrosen erscheinen die Blüten hier den ganzen Sommer über. Die Pflanze wächst kompakt und besitzt üppiges Laub. Eine gute Rose, die sich im Garten vielseitig einsetzen lässt. Auch als Topfrose macht sie eine gute Figur.
Portemer, Frankreich, 1855, öfterblühend, 1,0 x 0,6 m

Chapeau de Napoléon

Auch „Cristata" genannt. Die dicht gefüllten, intensiv duftenden Blüten von zartem Rosa sind zwar sehr schön, aber keineswegs der Hauptgrund für die Beliebtheit dieser Rose. Die Knospen sind von Moos so dicht umhüllt, dass sie aussehen wie der Dreispitz, den Napoleon trug. Die Ähnlichkeit ist unverkennbar. „Chapeau de Napoléon" ist eine gesunde Rose, die ihre Gartenwürdigkeit unter Beweis gestellt hat, selbst wenn der Habitus ein klein wenig zu wünschen übrig lässt.
Vibert, Frankreich, 1826, sommerblühend, 1,5 x 1,2 m

Rosa muscosa

Vielleicht die Ursprungsform der *Rosa centifolia muscosa*. Die schön gefüllten Blüten zeigen ein weiches, tiefes Rosa und verströmen einen

Wie alle Moosrosen zeigt auch *Rosa muscosa* balsamisch duftendes Moos an Stiel und Kelchblättern.

„Alfred de Dalmas" ist die einzige Moosrose, die einen Dauerflor hervorbringt.

unglaublich süßen Duft. Sie ist dicht bemoost und hat üppiges, leicht gekräuseltes Laub. Eine ausgezeichnete Moosrose, die vielleicht besser im Hintergrund des Beetes steht.
Frankreich, vor 1700, sommerblühend, 1,2 x 1,2 m

Nuits de Young
Kleine Blüten von intensiv weinroter Farbe, die von den goldgelben Staubgefäßen noch unterstrichen wird. Die Blätter sind eher klein, auch die Bemoosung ist nicht so ausgeprägt wie bei ihren Artgenossinnen, doch die Blütenfarbe allein ist die Pflanzung wert, weil sie – gerade in einem Rosenbeet – aller Augen auf sich zieht.
Laffay, Frankreich, 1845, sommerblühend, 1,2 x 1 m

William Lobb
Eine sehr wüchsige Sorte mit langen, bogig überhängenden Jungtrieben. Die Blüten erscheinen in Büscheln und erstaunen durch ihr Farbenspiel, das von Purpur und Lila bis zu Mauve reicht und nicht selten rosafarbene Reflexe zeigt. Die Blüten sind locker gefüllt und duften leicht. „William Lobb" kann als kleine Kletterrose gezogen werden, braucht aber auf jeden Fall eine Stütze – auch als Strauchrose.
Laffay, Frankreich, 1855, sommerblühend, 2,5 x 1,5 m

Bibernell-Rose (Rosa pimpinellifolia bzw. Rosa spinosissima)
Die Bibernell-Rose oder Schottische Rose, wie sie auch genannt wird, ist ursprünglich eine europäische Wildrose, die sich als sehr winterhart erweist. Leider ist sie etwas stachlig, doch sie wächst kompakt und zeigt – wie die Bibernelle – viele kleine Blättchen. Die Blüten sind im Allgemeinen klein und erscheinen im Frühsommer in großer Fülle. Später im Jahr zeigen sich glänzende, dunkelbraune Hagebutten. Die Bibernell-Rose wächst nahezu überall, auch an kalten, schattigen Plätzen und in nährstoffarmer Erde (weshalb man sie häufig auch „Dünenrose" nennt). Sie wird mit den härtesten Wintern fertig und ist in den angelsächsischen Ländern als „Scotch Briar", Schottischer Dornenstrauch, bekannt. Robert Brown aus Perth in Schottland fand 1793 eine solche Rose in den Hügeln um seine Heimatstadt. Er sammelte den Samen und gab ihn an die Rosenschule Dickson & Brown in Perth weiter. Aus diesem Samen entstand eine gefüllte Rose, von der man immer mehr Varietäten zog. Die Schottische Rose breitete sich in den Folgejahren immer weiter aus. Ein Züchter, so hieß es, besitze gar 100 verschiedene Varietäten. Mit der Zeit kam die Rose auch nach England, wo sich ihr Siegeszug fortsetzte. Heute sind die meisten Varietäten der Bibernell-Rose verloren gegangen, doch wir haben immer noch einige ausgezeichnete Sorten. Da sie so dicht und dornig wachsen, eignen sie sich hervorragend für kleine Hecken und Einfassungen, die Eindringlinge abhalten sollen.

Burnet Double White
Die becherförmigen Blüten sind locker gefüllt und öffnen sich auf einen Kranz goldgelber Staubgefäße hin. Die kleinen Sträucher mit ihren

„Maigold" ist eine wunderbare Kletterrose, weist aber zahlreiche Stacheln auf.

winzigen Blättchen bringen recht früh zahlreiche kleine Blüten hervor. Im Herbst werden sie von kleinen, runden Hagebutten ersetzt, die aussehen wie blank poliertes Mahagoniholz. Aus der Ferne wirken sie fast schwarz. Es gibt auch rosafarbene und marmorierte Varietäten, die sich „Burnet Double Pink" und „Burnet Marbled Pink" nennen.
Von unbekannter Herkunft, vermutlich vor 1650, Blüte im Spätfrühling bzw. Frühsommer, 1 x 1 m

Frühlingsduft
Der deutsche Züchter Kordes hat viele Rosen gezüchtet, die den Frühling im Namen tragen. Alle sind dankbare Strauchrosen, die ausgesprochen winterhart sind, doch diese ist meine Lieblingsrose aus dieser Gruppe. Die großen, dicht gefüllten Blüten sind buttercremegelb mit rosafarbenen Reflexen. Das Laub ist derb, leicht gekräuselt und von glänzendem Dunkelgrün. Eine gute Rose, die jedoch viel Platz braucht.
Kordes, Deutschland, 1949, sommerblühend, 3 x 1,8 m

Maigold
Eine Pimpinellifolia-Hybride, die man am besten als Kletterrose zieht. Doch sie macht sich auch als Strauchrose gut, wenn man sie entsprechend stützt. Die Blüten zeigen sich leicht gefüllt und von hellem Apricot-Orange, das in der Mitte in Gelb ausläuft. Sie sind sehr schön, hell leuchtend in der Farbe, aber nicht zu knallig. Auch ihre Becherform ist ansprechend. Die Rose blüht in Büscheln sehr früh im Jahr. Vereinzelt erscheinen auch während des Sommers noch Blüten, die sich stark vom dunkelgrünen Laub abheben. Der einzige Nachteil dieser wunderschönen Sorte ist die dichte Bestachelung.
Kordes, Deutschland, 1953, Blüte im Spätfrühling bzw. Frühsommer, 3,8 x 2,5 m

Mary Queen of Scots
Eine frühblühende Sorte, die den Appetit auf die Rosenblüte im Sommer weckt. Ihre ungefüllten Blüten sind von cremigem Rosa, das lilafarbene Reflexe zeigt, die von den deutlich sichtbaren Staubgefäßen noch kontrastreich unterstrichen werden. Die Blätter sind klein und erscheinen zahlreich auf dem bronzefarbenen Holz. Im Herbst folgen hübsche, runde Hagebutten von beinahe schwarzer Farbe. Eine wunderschöne Rose, auch wenn sie nur kurz blüht.
Von unbekannter Herkunft, sehr alt, Blüte im Spätfrühling bzw. Frühsommer, 1 x 1 m

Polyantha-Rosen
Diese hübschen Rosen waren zu Beginn des 20. Jahrhunderts sehr populär. Die Blüten sind klein, die Wuchsform bleibt niedrig, was Polyantha-Rosen vielseitig verwendbar macht. Sie können im Topf auf Terrasse oder Balkon gezogen werden, machen sich aber auch im Vordergrund von Beeten gut.

Da sie sehr willig blühen, eignen sie sich hervorragend für die Anlage eines ganzen Rosenbeetes. Die Blüten erscheinen in Büscheln. Polyantha-Rosen haben eine sehr lange Blütezeit, wobei regelmäßig die abgeblühten Blütenstände entfernt werden müssen. Viele von ihnen sind Sports von anderen Rosen, daher

„The Fairy" mit ihren nickenden Blütenbüscheln.

kommt es auch gelegentlich vor, dass die Pflanze die Merkmale der Rose zeigt, aus der sie hervorgegangen ist. Polyantha-Rosen werden häufig mit Floribunda-Rosen gleichgesetzt, doch ihre Wuchsform unterscheidet sich von diesen: Sie sind kleiner, wachsen eher überhängend und bringen größere Büschel kleinerer Blüten hervor.

Baby Faurax

Das klare Violettrot der Blüten hebt diese Rose unter den anderen ihrer Gruppe hervor. Die Blüten sind gefüllt, zeigen eine schöne Becherform und erscheinen in großen Büscheln. Die Blütenmitte um die Staubgefäße bleibt weiß. Die Pflanze wächst langsam, aber buschig und breit.
Lille, Frankreich, 1924, öfterblühend, 30 x 30 cm

Cameo

Kleine Blüten in weichem Lachsrosa erscheinen in großen Büscheln. Ihre Becherform enthüllt goldgelbe Staubgefäße, wenn die Blüte voll geöffnet ist. Die Pflanze wächst buschig und zeigt sich üppig mit kleinen, spitzen Blättern in hellem Grün bestanden.
De Ruiter, Niederlande, 1932, öfterblühend, 60 x 60 cm

Gloria Mundi

Große Büschel von becherförmigen, scharlachroten Blüten mit weißem Auge. Die Pflanze wächst aufrecht und buschig. Sie zeigt dichtes Laub mit zahllosen kleinen, grünen Blättern. Sie blüht willig bis in den Herbst hinein. Gelegentlich zeigt ein Trieb die Merkmale der Rose, aus der sie hervorgegangen ist.
De Ruiter, Niederlande, 1929, öfterblühend, 60 x 60 cm

Miss Edith Cavell

Diese kleine Rose war lange Zeit aus dem Angebot der Rosenschulen verschwunden, bis mein Vater sie zum 70. Jahrestag der Hinrichtung von

Edith Cavell wieder einführte. Damals lebten wir im Heimatdorf der englischen Krankenschwester, die im 1. Weltkrieg von den Deutschen als Spionin hingerichtet wurde. Erst nachdem der Vikar von Swardeston in der Lokalzeitung inseriert hatte, fand man die Rose wieder. Sie hat zauberhafte scharlachrote Blüten, die sich gefüllt in großen Büscheln zeigen. Die Pflanze ist üppig mit kleinen, dunkelgrünen Blättern bestanden.
De Ruiter, Niederlande, 1917, öfterblühend, 60 x 60 cm

The Fairy
Die Zweige dieses attraktiven Röschens wachsen bogig überhängend und fallen kaskadenartig nach unten, was sie zur ersten Wahl macht, wenn Sie eine Topfrose suchen. Die Blüten sind winzig, von weichem Rosa und erscheinen in großen Büscheln. Die Blätter zeigen sich tiefgrün und glänzend. „The Fairy" schätzt es, wenn die abgeblühten Blütenstände regelmäßig entfernt werden.
Bentall, Großbritannien, 1932, öfterblühend, 0,60 x 1,2 m

„Comte de Chambord" ist ein sehr nützlicher, wohl proportionierter Strauch.

Portland-Rosen (Rosa portlandica)

In dieser kleinen Gruppe finden sich einige der schönsten und pflegeleichtesten alten Rosen. Alle remontieren gut oder blühen gar das ganze Jahr über. Die meisten duften intensiv. Sie wachsen zu ordentlichen, buschigen Sträuchern heran und eignen sich deshalb auch für den kleinen Garten. Ihre schönen Proportionen machen sie auch zu ausgezeichneten Topfrosen. Sie lassen sich gut zu niedrigen Hecken ziehen und eignen sich deshalb auch für formale Pflanzungen. Die meisten brauchen keine besonders nahrhafte Erde, obwohl sie in wirklich schlechtem Substrat auch nicht gedeihen. Schatten allerdings lieben sie nicht. Ihre Farbpalette reicht von Weiß über zartes und reines Rosa bis hin zu tiefem Purpurrot.

Arthur de Sansal

Die wunderschönen Blüten in purpurgetöntem Karminrot zeigen sich in dicht gefüllten Rosetten. Sie duften intensiv und erscheinen den ganzen Sommer über am buschigen Strauch mit seinen dunkelgrünen Blättern. Bedauerlicherweise neigt die Rose zu Mehltau und braucht daher einen luftigen Standort. Möglicherweise nicht die ideale Rose für den Biogarten.
Cartier, Frankreich, 1847, remontierend, 1 x 0,6 m

Comte de Chambord

Große, sehr dicht gefüllte Blüten mit leuchtendem Rosa in der Mitte, das zum Rand hin verblasst. Die Petalen rollen sich im Zentrum nach innen und zeigen sich leicht verknittert wie gutes Seidenpapier. Sie verströmen einen intensiven, berauschenden Duft. Die Pflanze selbst ist nicht besonders wüchsig, die Blätter allerdings wirken recht groß.
Moreau-Robert, Frankreich, 1863, öfterblühend, 1 x 0,6 m

Duchess of Portland

Auch einfach „Portland-Rose" genannt. Sie war die erste Rose vom Portland-Typus. Die gefüllten, kirschroten Blüten mit den goldgelben Staubgefäßen erscheinen in kleinen Büscheln am Ende der Triebe. Sie duftet nur leicht, blüht dafür aber den ganzen Sommer über. Das Laub ist tiefgrün, die Triebe zeigen sich leicht bestachelt.
Einführender Züchter unbekannt, möglicherweise aus Italien kommend, etwa 1790, remontierend, 1 x 0,6 m

Jacques Cartier

Flache Blüten in weichem Rosa verströmen einen betörenden Duft. Die Petalen rollen sich in der Mitte ein, die äußeren Blütenblätter hingegen kräuseln sich nach außen, was eine besonders schöne Blütenform ergibt. Die Blüten sitzen aufrecht auf kurzen Stielen gut über dem tiefgrünen Laub. In den Vereinigten Staaten wird „Jacques Cartier" als „Marquise Bocella" verkauft.
Moreau-Robert, Frankreich, 1886, öfterblühend, 1 x 0,6 m

Bodendecker

Eigentlich müssten diese Rosen „flächendeckende Rosen" heißen, da es nur sehr wenige Rosen gibt, die wirklich am Boden wachsen. In unserer Rosenschule nennen wir sie daher „überhängende Rosen", weil dies ihrem bogig überhängenden Wuchs am ehesten gerecht wird. Im Garten lassen sie sich vielseitig einsetzen. Sie überdecken hässliche Flecken, breiten sich am Ufer von Bächen aus oder hängen über niedrige Mauern. Einige von ihnen lassen sich sogar als Ampelpflanzen ziehen. Zieht man sie vor einer Wand, lassen sich manche von ihnen gar zur Kletterrose umfunktionieren. Die Wüchsigsten unter ihnen winden sich sogar durch etablierte Hecken, wo sie für ein wenig mehr Farbe und Wuchsdichte sorgen. Die meisten Rosen dieser Gruppe haben kleine Blüten in den verschiedensten Farben. Nicht alle duften, aber die meisten setzen nach der Blüte Hagebutten an.

Bonica '82

Diese herausragende Sorte scheint nie ohne Blüten dazustehen. Sie blüht bis in den Herbst hinein.

Aus den winzigen Knospen gehen anfangs becherförmige Blüten von kräftigem Rosa hervor. Diese öffnen sich zu beinahe flachen Schalen von weicherer Farbe, deren Staubgefäße ein merkwürdig rosafarbenes Braun zeigen. Sie erscheinen in Büscheln, die stets Blüten in verschiedenen Reifestadien tragen – von den Knospen bis zu abgeblühten Blütenständen. Das Laub ist dunkel und gesund. Der Strauch wächst buschig und breit.
Meilland, Frankreich, 1982, öfterblühend, 1 x 1,8 m

Fairyland
Ich mag diese kleine Rose. Sie ist zwar nicht so wüchsig wie die meisten ihrer Artgenossinnen, weist aber sehr hübsche Blüten und – meiner Meinung nach – einen guten Duft auf. Die in Büscheln erscheinenden Blüten sind gefüllt, becherförmig und zeigen ein zartes Rosa, das mit der Zeit zu Weiß verblasst. Das Laub ist dunkel und glänzend. Wenn die abgeblühten Blütenstände regelmäßig entfernt werden, blüht die Rose sehr lange. Sie wächst buschig und zeigt eine dichte Belaubung, die sich allerdings erst im Laufe des Sommers einstellt.
Harkness, Großbritannien, 1980, öfterblühend, 0,6 x 1,5 m

Immensee
Am richtigen Ort ist dies eine wunderbare Rose. Sie blüht zwar schlecht nach, zeigt aber einen überwältigenden ersten Flor, der ein wenig nach der Hauptblüte der meisten Rosen einsetzt, was bei der Rosenplanung ein sehr nützliches Detail sein kann. Die Blüten sind nicht gefüllt. Ihre Farbe variiert von Weiß bis hin zu zartem Rosa. Die Knospen erscheinen weiß über dem dunkel glänzenden Laub, das dem der *Rosa wichuraiana* gleicht, von der „Immensee" das eine oder andere Gen geerbt hat. Wir haben in unserer Rosenschule ein Beet nur mit dieser Rose vor eine Buchenhecke gepflanzt. Sie hat sich ihren Weg durch die Hecke hindurch erkämpft und belebt diese mit ihrer leuchtenden Farbe. Wenn sie voll erblüht ist, legt sich über den angrenzenden Parkplatz ein intensiver, lieblicher Duft. Im Herbst setzt „Immensee" winzige Hagebutten an. In den englischsprachigen Ländern wird die Rose unter dem Namen „Grouse" verkauft.
Kordes, Deutschland, 1982, remontierend, 0,6 x 3 m

„Immensee" ist eine der wüchsigsten Bodendeckerrosen, die willig Uferbänke und Hecken überwuchert.

Raubritter
Diese Rose gehört eigentlich zu den Hybriden von *Rosa macrantha*, doch diese haben hier keine eigene Rubrik, also führe ich sie hier auf, wo sie von ihrer Wuchsform her am besten dazu passt. Ihre hübschen becherförmigen Blüten sind nur halb gefüllt und von reinem Rosa. Sie erscheinen in Büscheln an den recht stachligen Trieben. Das Laub ist graugrün in der Farbe. Sie neigt ein wenig zu Mehltau, aber da sie ohnehin nur einmal blüht, macht das nichts, weil die befallenen Triebe im Sommer, wenn der Pilz auftritt, einfach entfernt werden können.
Kordes, 1936, einmalblühend, 1 x 1,8 m

Summer Sunrise
Hier wurde „Bonica 82" mit „New Dawn" gekreuzt. Das Ergebnis zeigt die guten Eigenschaften beider Elternteile. Die gefüllten Blüten zeigen ein klares Rosa und enthüllen im Öffnen die schönen, goldgelben Staubgefäße. Das Laub ist dunkel und glänzend. Es erscheint üppig an kräftigen Trieben. „Summer Sunrise" blüht willig bis in den Herbst hinein, wenn Sie regelmäßig die abgeblühten Blütenstände entfernen.
Beales, Großbritannien, 1994, öfterblühend

● Rugosa-Rosen (Rosa rugosa)
Die Rugosa-Rosen mit ihren dichten, stachligen Trieben und dem aufrechten Wuchs halten jeden Eindringling ab, wenn man sie zu einer Hecke zieht. Die Rugosa-Rose blüht den ganzen Sommer über. Viele ihrer Varietäten zeigen im Herbst tomatenförmige Hagebutten von hellem Rot, die erstaunlich groß werden können. Auch das Laub nimmt im Herbst Gelb-, Orange- oder Umbratöne an, was zusammen mit dem Fruchtschmuck einen beeindruckenden Anblick ergibt.

Rugosa-Rosen sind ideale Heckenpflanzen. Viele von ihnen zeigen im Herbst runde, knallrote Hagebutten.

Mit Rugosa-Rosen können auch unerfahrene Gärtner umgehen, da sie selbst unter widrigsten Umständen noch gut gedeihen. Dies sollte Sie jedoch nicht davon abhalten, sie ins Staudenbeet zu setzen, wo sie eine wunderbare Hintergrundbepflanzung abgeben.

Agnes
Diese Rose ist eine Kreuzung aus *Rosa rugosa* und *R. foetida persiana*. Der Letzteren verdankt sie ihre beeindruckende Farbe. „Agnes" blüht nämlich bernsteingelb. Die gefüllten Blüten öffnen sich apricotfarben und verblassen allmählich zu Weiß. Die dunklen Blätter, die kleiner sind als bei den meisten Rugosa-Sorten, bilden dazu einen schönen Kontrast. Die Triebe sind stark bestachelt. Nach dem ersten Flor zeigen sich immer wieder einzelne Blüten, was ein sehr schöner Anblick ist.
Saunders Central Experimental Farm, Kanada, 1922, remontierend, 1,8 x 1,5 m

Belle Poitevine
Die „Schöne aus dem Poitou", einer historischen Provinz in Westfrankreich, zeigt gewellte Blütenblätter, was ihr immer ein höchst attraktives, leicht unordentliches Aussehen verleiht. Die Blüten sind von silbrigem Rosa mit fliederfarbenen Reflexen. Sie duften gut und zeigen in der Mitte einen goldenen Kranz kräftig entwickelter Staubgefäße. Die Blätter sind von hellem Grün, stark geädert und gesund. Eine starkwüchsige Pflanze, die nur selten Hagebutten ansetzt.
Bruant, Frankreich, 1894, remontierend, 1,8 x 1,5 m

Blanc Double de Coubert
Die großen, flachen Blüten erscheinen in klarem Weiß. Sie sind dicht gefüllt und duften süß. Diese ausgezeichnete, blühfreudige Rugosa-Rose setzt gelegentlich Hagebutten an. Ihr üppiges hellgrünes Laub verdeckt die mit nadelspitzen Stacheln besetzten Triebe. Im Herbst schöne Laubfarbe. Ausgezeichnete Heckenrose.
Cochet-Cochet, Frankreich, 1892, remontierend, 1,5 x 1,2 m

Rosa glauca **hat wunderschönes, zinngraues Laub.**

Roseraie de l'Hay

Eine sehr beliebte Rose, die ebenfalls häufig zur Heckenpflanzung eingesetzt wird. Die großen, halb gefüllten Blüten erscheinen in Karminrot mit magentafarbenem Hauch. Die Blütenblätter zeigen sich seidig und duften nach Gewürznelken. Die Rose blüht reichlich im Sommer und bringt bis in den Herbst hinein Blüten hervor. Sie wächst buschig, das hellgrüne Laub zeigt sich stark gerunzelt. Die Herbstfärbung ist überwältigend, doch die Pflanze setzt nur selten Hagebutten an.
Cochet-Cochet, Frankreich, 1901, öfterblühend, 1,8 x 1,5 m

Scabrosa

Diese Rose ist aufgrund ihrer großen, hellorangeroten Hagebutten bekannt, die Ähnlichkeit mit Kirschtomaten haben. Häufig stehen sie zur selben Zeit am Strauch wie die silbrig rosafarbenen Blüten, die einzeln auf den Trieben sitzen. Sie duftet süß und zeigt grünes, recht runzliges Laub, das den aufrecht wachsenden Strauch dicht bedeckt. Schöne Herbstfärbung.
Harkness, Großbritannien, 1960, öfterblühend, 1,8 x 1,2 m

● Wildrosen

Diese Rosen sind die Vorläuferinnen aller modernen Züchtungen. Sie sind die Kinder der Natur. Obwohl sie sich stark voneinander unterscheiden, zeigen sie durchweg einen schlichten Charme, der den Betrachter verzaubert. Die meisten haben ungefüllte Blüten in verschiedenen Farbtönen, meist in Weiß oder Rosa. Sehr interessant ist der Fruchtschmuck, da Wildrosen im Herbst Hagebutten in den unterschiedlichsten Farben und Formen ansetzen. Die Bibernell-Rose zum Beispiel hat mahagonifarbene bis schwarze Früchte. Wildrosen sind – verglichen mit den Edelrosen – meist gesund und ausgesprochen winterhart.

Obwohl sie einander in gewisser Weise ähneln, handelt es sich doch durchweg um verschiedene Arten, die recht unterschiedliche Merkmale aufweisen. Einige blühen sehr früh, andere eher später. Nur wenige blühen mehrmals. Sie können stark- oder schwachwüchsig sein. Auch Form und Farbe der Blätter fallen ziemlich unterschiedlich aus. Ich schätze Wildrosen sehr, denn sie sind nicht nur historisch von Bedeutung, sondern stellen für sich genommen wunderschöne Pflanzen dar. Obwohl jede Art für sich steht, gibt es doch auch unterschiedliche Formen innerhalb der Art. Dies ist darauf zurückzuführen, dass es bei den Wildformen zu – manchmal winzigen – genetischen Veränderungen kommen kann, die spontan auftreten. Diese sind auf Anpassungsprozesse an die Umwelt zurückzuführen, die ja jeweils unterschiedliche Klima- und Wuchsbedingungen bietet. Wildrosen bringen ihre charakteristischen Eigenschaften am besten in größeren Gärten zur Geltung. Sie eignen sich auch ausgezeichnet als Parkbepflanzung.

Rosa canina

Auch als „Hundsrose" bekannt. Sie ist es, der wir in erster Linie begegnen, wenn wir in Europa durch die Felder streifen. Sie zeigt ungefüllte Blüten in Weiß oder Zartrosa, die entlang der bogig überhängenden, stark bestachelten Triebe erscheinen und sich schön vom graugrünen Laub abheben. Im Herbst zeigen sich leuchtend rote Hagebutten.

Europa, vor 1730, einmalblühend, 1,8 x 3 m

Rosa foetida

Diese Rose trägt leuchtend gelbe, ungefüllte Blüten mit dunkelbraunen Staubgefäßen, die viel zu ihrem Zauber beitragen. Der Neuaustrieb zeigt sich purpurfarben überhaucht, ist jedoch bereits kräftig bestachelt. Die Blätter sind von mattem Graugrün und sitzen als Fiederblättchen am Blattstiel. Wie der Name, „Stinkrose", sagt, riecht die Pflanze nicht eben gut. Eng verwandt mit ihr sind *R. foetida bicolor*, die orangerote Blüten mit gelber Mitte hat, und *R. foetida persiana*, deren einfach gefüllte gelbe Blüten Pate standen für die meisten gelb blühenden Züchtungen bei den modernen Rosen. Bedauerlicherweise hat sie auch ihre Anfälligkeit für Sternrußtau weitergegeben.

Kleinasien, vor 1600, einmalblühend, 2,5 x 1,8 m

Rosa glauca

Auch als Rosa rubrifolia, die „Rotblättrige", bekannt. Dies ist wohl eine der bekanntesten Wildrosenarten. Ihre stachellosen Triebe sind purpurrot und nahezu zur Gänze vom attraktiven zinngrauen Laub bedeckt. Die Blüten sind eher unscheinbar, doch von großer Anmut. Im Herbst setzt der Strauch viele Hagebutten an. Sie erscheinen in Büscheln, dunkelrot wie Kirschen, und heben sich wunderschön vom edlen Laub ab.

Europa, 1830, einmalblühend, 1,8 x 1,5 m

Rosa sericea pteracantha

Diese Rose ist weniger wegen ihrer Blüten als um ihrer attraktiven Stacheln willen interessant. Die lang gezogenen Stacheln bedecken die gesamte Trieblänge. Sie sind keilförmig und laufen nadelspitz zu. An jungen Trieben zeigen sie sich durchscheinend, wenn die Sonne hinter

Rosa sericea pteracantha **hat nur vier Blütenblätter, zeigt aber attraktive, vergrößerte Stacheln.**

ihnen steht, und leuchten in tiefem Mahagonirot. Das einzig Interessante an den Blüten ist, dass sie nur vier Blütenblätter besitzen, ein Merkmal, das nur diese Rosenart aufweist. Die Blätter sind klein und farnähnlich. Es gibt nur zwei eng miteinander verwandte *Rosa-sericea*-Arten und nur wenige Zuchtformen.
China, vor 1890, Blüte im Frühsommer, 3 x 1,8 m

Rosa virginiana
Rötlich braune, kaum bestachelte Triebe bringen hellgrüne Blätter hervor, die sich im Herbst bernsteingelb und rostrot verfärben. Dazwischen leuchten die roten, runden Hagebutten hervor. Die Blüten sind von wunderbar zartem Rosa und zeigen sich manchmal leicht gesprenkelt. Sie sind ungefüllt und tragen in der Mitte dicht besetzte Staubgefäße.
Nordamerika, etwa um 1807, einmalblühend, 1,5 x 1 m

● **Schottische Zaunrose (Rosa eglanteria)**
Diese Rosen besitzen – mit einer Ausnahme – Laub, das nach Äpfeln duftet. Am stärksten zeigt sich dieser Effekt beim Neuaustrieb und wenn Sie die Blätter leicht drücken. Nach Regen oder wenn nachts viel Tau gefallen ist, erfüllt der Duft den ganzen Garten. Auch an warmen Sommerabenden macht er sich bemerkbar. Leider sind uns nicht alle Sorten der Schottischen Zaunrose erhalten geblieben, da einige über die Jahrzehnte verloren gingen. Die meisten blühen nur einmal, setzen aber im Herbst hübsche Hagebutten an. Ein paar remontierende Sorten aber gibt es. Da es sich dabei jedoch um Züchtungen handelt, ist ihnen das aromatisch duftende Laub verloren gegangen. Die Schottische Zaunrose sollte regelmäßig kräftig zurückgeschnitten werden. So gibt es mehr Neuaustrieb, der am intensivsten duftet. In jede natürliche Umgebung fügt *Rosa eglanteria* sich wunderbar ein, doch natürlich macht sie sich auch im Garten gut, wo man sie am besten in ein gemischtes Beet zusammen mit Stauden und anderen Rosen setzt.

Amy Robsart
Die Blüten sind einfach gefüllt und von hellem, aber leuchtendem Magentarosa. Sie tragen ein weißes Auge, das die Staubgefäße schön hervortreten lässt. In voller Blüte ist diese Rose einfach umwerfend. Die Blätter duften nicht allzu stark, sind aber recht widerstandsfähig und erscheinen zahlreich an den bogig überhängenden Trieben. Eine sehr winterharte Sorte, die auch mit nährstoffarmem Substrat und halbschattigem Standort fertig wird.
Penzance, Großbritannien, etwa um 1890, einmalblühend, 3 x 2,5 m

Lady Penzance
Das Laub dieser hübschen Rose gehört zu den am stärksten duftenden in der Gruppe der Eglanteria-Rosen. Gleichwohl ist es ledrig und recht widerstandsfähig. Die hübschen Blüten zeigen sich ungefüllt, von einem warmen Kupfer-Lachs-Ton mit rosafarbenen Reflexen. Zur Mitte zu geht der Farbton in reines Gelb über, auch die Staubgefäße sind gelb. Schöne scharlachrote Hagebutten folgen im Herbst. Eine starkwüchsige Sorte, die auch unter weniger guten Bedingungen gedeiht.
Penzance, Großbritannien, um 1890, einmalblühend, 2,1 x 1,8 m

„Lord Penzance" besitzt nach Äpfeln duftendes Blattwerk.

Lord Penzance

Dieser Herr hat Ende des 19. Jahrhunderts zahlreiche Zuchtformen der Schottischen Zaunrose geschaffen. Die Blüten sind von weißlich getöntem Bernsteingelb, das am Rand in Rosa übergeht. Die einfach angeordneten Blütenblätter umschließen kräftig entwickelte, goldene Staubgefäße. Die Sorte setzt im Herbst reichlich Hagebutten an und hat – wie „Lady Penzance" – intensiv duftendes Laub.

Penzance, Großbritannien, um 1890, einmalblühend, 2,1 x 1,8 m

Meg Merrilies

Eine wunderbare Sorte mit karminroten, halbgefüllten Blüten, die im Sommer reichlich am starkwüchsigen Strauch erscheinen. Die Blütenfarbe kontrastriert schön mit den hellgelben Staubgefäßen in der Mitte. Bei „Meg Merrilies" duften Laub und Blüten gleichermaßen. Eine unempfindliche Sorte, die viele Stacheln aufweist, später im Jahr aber durch ihren üppigen Hagebuttenschmuck überzeugt.

Penzance, Großbritannien, um 1890, einmalblühend, 2,5 x 2,1 m

• Teerosen (Rosa indica fragrans)

Leider lassen die Teerosen in puncto Winterhärte etwas zu wünschen übrig, doch sie haben wunderschöne, berauschend duftende Blüten. In kälteren Gegenden sollte man sie im Topf ziehen, sodass sie den Winter im kühlen Gewächshaus oder im Wintergarten verbringen können. Außer der mangelnden Winterhärte kann man ihnen eigentlich nichts vorwerfen. Mitunter werden die Blütenbälle allerdings so groß, dass die tragenden Triebe sich nach unten biegen. Sie stammen aus dem Fernen Osten, wo Sir Abraham Hume 1810 jene Rosa indica fragrans entdeckte, die man heute als „Hume's Blush" kennt. Man nimmt an, dass diese Rose mit den Teelieferungen der East India Company nach Europa kam und so ihren Namen erhielt. Andere Experten meinen jedoch, man habe sie aufgrund ihres Duftes „Teerose" getauft. Ich kann im Duft dieser Rosen kein Teearoma entdecken.

„Archiduc Joseph" zeigt in der geöffneten Blüte ein interessantes Farbenspiel.

Archiduc Joseph

Die unordentlichen, flachen Blüten dieser wunderbaren Rose zeigen ein verblüffendes Farbenspiel von Rosa über Kupfer und Apricot bis zu Purpur, wobei immer gelbe Reflexe sichtbar sind. Diese Kombination hört sich vielleicht schrecklich an, doch der Effekt ist einfach überwältigend. „Archiduc Joseph" gehört zu den winterhärteren Teerosen, deren Neuaustrieb sich bronzefarben überhaucht zeigt und nur wenig bestachelt ist. An einer Wand kann sie auch gut als Kletterrose gezogen werden.

Nabonnand, Frankreich, 1872, öfterblühend, 1,5 x 1 m

Clementina Carbonieri

Die Farbgebung dieser ausgezeichneten Rose ähnelt der von „Archiduc Joseph", die Farben zeigen sich nur ein wenig gedämpfter. Die Blüten duften intensiv, sind aber ein bisschen unordentlich in der Form, auch wenn die Mitte beinahe geviertelt ist. Das Laub ist dunkel und glänzend, der Wuchs buschig. „Clementina Carbonieri" eignet sich gut als Topfrose, wenn sie einen guten Platz im Garten erhält.

Bonfiglioli, Italien, 1913, öfterblühend, 1 x 0,6 m

Lady Hillingdon
Bei dieser wunderbaren Rose öffnen sich die spitzen, lang gestreckten Knospen zu locker gefüllten, apricotfarbenen Blüten, die einen fantastischen Duft verströmen. Die jungen Blätter und Triebe zeigen sich tief purpurrot und liefern einen schönen Kontrast zu den Blüten. Der Austrieb ist nicht winterhart, trotzdem übersteht der Rosenstock sogar Frost und treibt im nächsten Frühjahr wieder aus. „Lady Hillingdon" gibt es auch in einer kletternden Variante.
Lowe and Shawyer, Großbritannien, 1910, öfterblühend, 1 x 0,6 m

Mme Bravy
Diese ist eine der ältesten und schönsten Teerosen. Ihre gefüllten Blüten öffnen sich zu reizvollen, hohen Blüten in Cremeweiß mit zartrosa Hauch. Der Duft ist stark und erinnert an Tee oder Himbeeren. Die Blüten erscheinen reichlich an einem üppig belaubten Strauch, der sich seiner Größe wegen als Topfpflanze eignet.
Guillot Père, Frankreich, 1846, öfterblühend, 1 x 0,6 m

Tipsy Imperial Concubine
Diese Rose wurde von Mrs. Hazel Le Rougetel in China entdeckt. Man hält sie für eine altchinesische Zuchtrose. Ihre großen Blütenbälle sind von weichem Rosa mit gelblichen und mitunter roten Reflexen. Die Blüten duften und erscheinen reichlich am buschig wachsenden Strauch.
Beales, Großbritannien, 1982, öfterblühend, 0,6 x 0,6 m

Kletter- und Ramblerrosen

Wenn es um Rosen geht, ist eine der am häufigsten gestellten Fragen: Was ist eigentlich der Unterschied zwischen Kletter- und Ramblerrosen? Wobei man eigentlich sagen müsste: „Climber- und Ramblerrosen", denn der Begriff „Kletterrose" wird auch als Überbegriff für beide gebraucht. Vereinfacht ausgedrückt besitzen Kletterrosen dicke und sparrige Triebe, die aufrecht wachsen und ein Klettergerüst benötigen. Ramblerrosen hingegen haben lange, weiche

„Blairii No. 2" ist eine der schönsten kletternden Bourbonrosen.

Triebe und hangeln sich von selbst an Bäumen hoch. Dies ist vor allem dann wichtig, wenn Sie die richtigen Rosen für Ihren Garten auswählen wollen. Doch es gibt noch mehr Unterscheidungsmerkmale.

Kletterrosen blühen an Trieben, die sie im selben Jahr angesetzt haben, Rambler hingegen nur an den Trieben des Vorjahres. Daher müssen beide Rosengruppen unterschiedlich geschnitten werden.

Viele Kletterrosen remontieren nach der ersten Blüte oder zeigen sich gar öfterblühend. Ramblerrosen hingegen blühen gewöhnlich nur einmal, setzen aber im Herbst Hagebutten an. Da Ramblerrosen robuster und starkwüchsiger sind als Kletterrosen, schaffen sie es auch, ganze Bäume oder Häuser zu begrünen. Kletterrosen hingegen fühlen sich an Säulen, Spalieren und Wänden wohler.

Beide Rosentypen jedoch brauchen einige Jahre, bevor sie sich richtig etabliert haben. Bei den Ramblern gibt es in den ersten Jahren meist keine Blüte. Interessant ist übrigens, dass viele der Bodendeckerrosen recht gute Rambler abgeben. Umgekehrt bedecken Rambler, die man nicht aufbindet, mit der Zeit den Boden.

Kletterrosen

Kletternde Bourbonrosen

Dies ist zwar eine sehr kleine Gruppe, doch da sie einige der schönsten Kletterrosen überhaupt umfasst, soll sie hier gleich zu Beginn vorgestellt werden.

Blairii No. 2

In voller Blüte gehört diese Rose zu den beeindruckendsten Sorten überhaupt. Obwohl die Nachblüte das schöne Laub nicht annähernd im selben Ausmaß überdeckt wie der erste Flor, sind die Blüten doch immer hübsch anzusehen. Die Blüten sind groß, dicht gefüllt und zeigen ein zartes Rosa, das zur Mitte hin dunkler wird. Sie duften sehr stark. Das Blattwerk ist tiefgrün und glänzend.

Blair, Großbritannien, 1845, remontierend, 3,8 x 1,8 m

Climbing Souvenir de la Malmaison

Wie ihr Gegenstück, die Beetrose, besitzt auch der kletternde Sport wunderschöne, flach gefüllte und geviertelte Blüten in zartem Puderrosa, das mit der Zeit zu Elfenbein verblasst. Sie duften wunderbar, sind jedoch allergisch gegen Regen, weil die dichten gefüllten Blüten leicht verkleben. In diesem Fall müssen Sie die äußeren Blütenblätter entfernen, dann öffnet die Blüte sich immer noch schön. Lassen Sie sich damit nicht zu lange Zeit, damit die Blütenbasis nicht verfault.

Bennett, Großbritannien, 1893, remontierend, 3,8 x 2,5 m

Zéphirine Drouhin

Diese Rose hat für mich persönlich einen hohen sentimentalen Wert, da sie meine Tauf- und Hochzeitsrose war. Auch meiner Tochter habe ich sie als Taufrose mitgegeben. „Zéphirine Drouhin" weist viele ganz erstaunliche Eigenschaften auf: Sie ist nahezu stachellos, duftet umwerfend und blüht bis in den Herbst hinein. Leider ist sie ein wenig mehltauanfällig, doch die hochgebauten, kirschrosa Blüten öffnen sich edelrosengleich.

Bizot, Frankreich, 1868, öfterblühend, 3 x 1,8 m

Boursault-Rosen

Diese Gruppe von Rosen zeigt recht ungewöhnliche Merkmale. Zum einen scheint es absolut unmöglich herauszufinden, von welchen Arten sie abstammen. Da sie aber am letztjährigen Holz blühen, ordne ich sie hier eher den Kletterrosen als den Ramblern zu. Zum anderen sind alle stachellos und wachsen bogig überhängend, wobei sie lange, zugespitzte Blätter zeigen. Die Blüten ähneln einander. Sie öffnen sich eher unordentlich und präsentieren sich bei den dicht gefüllten Formen in der Mitte geviertelt. Auch die Blütenfarben liegen nicht weit auseinander. Das Spektrum reicht von reinem Rosé bis zu Magentarosa.

Amadis
Auch als „Crimson Boursault" bekannt. Die gefüllten, mittelgroßen Blüten zeigen einen schönen Karminton, purpurfarben überhaucht. Sie erscheinen als Einzelblüte oder in Büscheln, zeigen sich voll geöffnet aber immer ein wenig unordentlich. Die reifen Triebe leuchten purpurfarben. Wenn sie einen guten Standort hat, remontiert die Rose gelegentlich. Im Allgemeinen aber blüht sie nur einmal im Sommer.
Frankreich, 1829, einmalblühend, 3 x 1,8 m

Blush Boursault
Die wunderschönen, gefüllten Blüten erscheinen in Zartrosa. Der Neuaustrieb ist weniger rötlich gefärbt als bei anderen Boursault-Rosen, zeigt aber immer noch eine schöne Farbe. Die reifen Blätter sind von dunklem, mattem Grün. Dies ist die starkwüchsigste Vertreterin der Boursault-Rosen.
Frankreich, 1848, einmalblühend, 4,5 x 3 m

Mme Sancy de Parabère
Die seidigen Blütenblätter in weichem Rosa sind innen leicht geviertelt. Die äußeren Blätter zeigen sich dabei stets zarter gefärbt als die im Zentrum. Die Blätter sind tiefgrün, schmal und spitz zulaufend. Das Holz der reifen Pflanze zeigt sich eher braun als purpurfarben.
Frankreich, Mitte der 1870er-Jahre, einmalblühend, 4,5 x 3 m

Die Blüten von „Mme Sancy de Parabère" erscheinen ein wenig unordentlich.

Morlettii
Die gefüllten Blüten erscheinen in Magentarosa, wobei die Blütenblätter sich nach innen drehen. Im Zentrum sitzen sie recht dicht, während sie an den Rändern eher locker angeordnet sind. Diese Rose ist weniger wuchsfreudig als andere Boursault-Rosen. „Morlettii" gibt einen schönen, freistehenden Strauch ab, vor allem, wenn man ihr eine Stütze gibt.
Frankreich, 1880er-Jahre, einmalblühend, 2,5 x 1,8 m

Kletternde Teehybriden
Kletternde Teehybriden sind aus einer Beet-Teehybride entstanden, die plötzlich und ohne jeden ersichtlichen Grund einen langen, bogig überhängenden Trieb hervorbrachte. Wie bei allen unerwarteten Ereignissen war auch die Weitergabe dieser Eigenschaft an nachfolgende Rosengenerationen reiner Zufall. Ein kluger Rosengärtner muss erkannt haben, dass er mehr als nur einen hoch aufgeschossenen Zweig vor Augen hatte. Und so nahm er Vermehrungsmaterial ab, statt den Zweig einfach nur zurückzuschneiden, wie es wohl die meisten Gärtner getan hätten. Unser Glück, denn heute erfreuen wir uns an einer Reihe von ausgezeichneten Kletterrosen. Während ihre Artgenossen im Beet mehr oder weniger öfterblühend sind, zeigen die kletternden Teehybriden einen wahren Blütenrausch, dem im Spätsommer und Herbst nur noch wenige Blüten folgen. Als Kletterrosen sind sie einzigartig, auch wenn sie regelmäßig aufgebunden werden müssen, da die Blütenfülle sie schnell kopflastig werden lässt.

Chateau de Clos Vougeot
Die Blüten sind gefüllt und tiefrot. Sie verströmen einen exzellenten Duft. Die Textur der

Blütenblätter kann nur mit Samt verglichen werden. Wie bei den meisten kletternden Teehybriden erscheint das dunkelgrüne Laub recht spärlich an den starken, wenig bestachelten Trieben. Die Pflanze ist recht starkwüchsig, auch wenn sie ein wenig sparrig wächst.
Morse, Großbritannien, 1920, einmalblühend, 5,4 x 2,5 m

Cupid

Die großen Blüten zeigen ein unnachahmliches gelbtoniges Rosa, das in der Mitte zu Vanillegelb verblasst, das wiederum von den goldgelben Staubgefäßen noch betont wird. Die reife Pflanze bringt einen reichen ersten Flor hervor, gefolgt von spärlicher Nachblüte später im Jahr. Die Rose wächst ein wenig sparrig und zeigt nur spärliche Belaubung, doch sollte dies kein Problem sein, wenn man sie mit einer reicher belaubten Staude unterpflanzt. Große, dicke Hagebutten von hellem Orangerot folgen den Blüten im Herbst. Eine gute Rose, die in jedem größeren Garten Platz finden sollte.
B. R. Cant, Großbritannien, 1915, einmalblühend, 3 x 1,8 m

Climbing Étoile de Hollande

Der größte Makel der Beetform ist vermutlich, dass die Blütenköpfe so schwer werden, dass sie immer ein wenig nach unten hängen. Dieses Manko wird durch die kletternde Form ausgeglichen, bei der man die Blüten schön von unten betrachten kann. Die dicht gefüllten Blüten sind von dunklem, samtigem Rot, das langsam zu Purpur verblasst, vor allem in der prallen Sonne. Die Rose duftet ganz ausgezeichnet und zeigt schönes, dunkelgrünes Laub. Der Neuaustrieb ist dunkelrot gefärbt.
Leenders, Niederlande, 1931, einmalblühend, 3,8 x 2,5 m

Climbing Mme Caroline Testout

Die Blüten dieser Rose sehen aus wie winzige Kohlköpfe, so hoch und dicht stehen die Blütenblätter. Die Blüte zeigt sich nahezu ballförmig, wobei die äußeren Blütenblätter sich zu attraktiven Spitzen zusammenrollen. Die Rose duftet berauschend. Wie bei den meisten Rosen dieser Gruppe sitzt das Laub nicht allzu dicht an den Zweigen. Der Wuchs kann etwas sparrig sein, was durch gezielten Schnitt behoben werden kann. Eine gute Rose, die im Spätsommer zuverlässig nachblüht.
Gebr. Ketten, Luxemburg, 1921, remontierend, 3,8 x 2,5 m

„Mme Grégoire Staechelin" zeigt ihre Blüten schon recht früh im Jahr.

Mme Grégoire Staechelin

Eine der inspirierendsten Gartenrosen, gehört sie doch zu den ersten dicht gefüllten und duftenden Rosen, die im Jahr blühen. Locker gefüllte, große, beinahe glockenähnliche Blüten von reinem Rosa, das an der Außenseite dunkler ist, erscheinen im Spätfrühling reichlich am Strauch. Die Rose hat eine gute Nachblüte. Das Laub zeigt sich ein wenig derb, doch der Strauch wächst gut und zeigt im Herbst große Hagebutten, wenn die abgeblühten Blütenstände nicht entfernt werden.
Dot, Spanien, 1927, remontierend, 4,5 x 3 m

Kletternde Floribunda-Rosen

Wie bei den kletternden Teehybriden sind auch die kletternden Floribunda-Sorten aus einem Sport entstanden, einer zufälligen genetischen Mutation, die an einer bestimmten Pflanze plötzlich zu mehr Längenwachstum führte. Durch Kreuzungen konnte die Eigenschaft des Kletterns gefestigt werden, und so steht uns heute eine große Auswahl kletternder Rosen von kräftiger Farbe zur Verfügung. Die Blüten dieser Floribunda-Rosen gleichen in allem der Beetform, erscheinen jedoch in einem reichlichen ersten Flor, um dann nur noch spärliche Nachblüte zu zeigen, während die Beetform mehr oder weniger ohne Pause blüht. Im Handel sind nur wenige kletternde Floribunda-Rosen erhältlich, diese stellen aber eine Bereicherung für jeden Garten dar.

Climbing Allgold

„Allgold" ist um ihrer kräftig gelben Blüten willen bekannt, die auch im Sommer nicht ausbleichen. Wo eine kräftige Blütenfarbe gebraucht wird, ist diese Rose erste Wahl. Die Blüten sind mittelgroß, gefüllt und duften leicht. Sie heben sich elegant vom dunkelgrün glänzenden Laub ab und erscheinen als Einzelblüten oder in Büscheln auf kräftigen Stielen. Eine gute Allround-Kletterrose.

Gandy, Großbritannien, 1961, einmalblühend, 4,5 x 3 m

Climbing Iceberg/Schneewittchen

„Iceberg", die in Deutschland unter dem Namen „Schneewittchen" verkauft wird, ist eine berühmte Rose, deren kletternde Form ebenfalls unsere Aufmerksamkeit verdient. Die cremefarbenen Knospen öffnen sich zu einfach gefüllten Blüten von reinstem Weiß, die in kleinen Büscheln erscheinen. Die Rose blüht reichlich, duftet aber nicht. Die Blätter sind hell- bis mittelgrün, doch der Kontrast zu den weißen Blüten lässt sie dunkler erscheinen. Eine kräftige Kletterrose mit biegsamen Trieben, die sich gut aufbinden lassen.

Cant, Großbritannien, 1968, einmalblühend, 5 x 3 m

Die kletternde Varietät von „Allgold" ist ein Sport der Beetrose.

Climbing Masquerade

Dies ist nicht gerade meine Lieblingsrose, doch sie erweist sich als sehr nützlich, wenn Schockfarben gebraucht werden. Die gefüllten Blüten öffnen sich gelb und verfärben sich zunehmend zu Orange und Rot. Sie erscheinen in Büscheln und duften nicht. Die kräftigen Triebe sind stark bestachelt und gut mit dunkelgrünem, gesundem Laub bestanden.

Gregory, Großbritannien, 1958, einmalblühend, 5 x 3 m

Climbing Queen Elizabeth Rose

Die Beetform der „Queen Elizabeth Rose" ist eine der starkwüchsigsten Floribunda-Rosen. Auch die kletternde Form erreicht beachtliche Ausmaße. Die Blüten sind groß und von silbrigem Pink. Sie erscheinen in Büscheln und duften leicht. Auch die Blätter sind groß und ledrig. Diese Kletterrose muss gut geschnitten und regelmäßig aufgebunden werden, damit sie nicht kopflastig wird.

Wheatcroft, Großbritannien, 1960, einmalblühend, 6 x 3 m

„Aloha" ist eine der besten Säulenrosen.

Moderne Kletterrosen

Wie die modernen Strauchrosen, so haben auch moderne Kletterrosen so verschiedene Elternsorten, dass sie nicht viele einer bestimmten Gruppe zugeordnet werden können. Daher hat man diese Kategorie für sie neu geschaffen. Moderne Kletterrosen sind sehr vielfältig im Erscheinungsbild. Die Gruppe umfasst starkwüchsige Sorten ebenso wie kleiner bleibende. Außerdem sind moderne Kletterrosen in allen natürlichen Rosenfarben erhältlich. Einige duften stark, andere gar nicht. Diese Gruppe von Rosen ist so groß, dass es unmöglich wäre, alle Sorten hier aufführen zu wollen. Aus diesem Grund präsentiere ich Ihnen hier nur die meiner Ansicht nach besten Sorten.

Aloha

„Aloha" gehört möglicherweise nicht gerade zu den starkwüchsigsten Kletterrosen. Daher eignet sie sich auch gut zum Beranken von Säulen. Die Blüten sind dicht gefüllt, von kräftigem Rosa mit gelegentlichen Reflexen in Lachs- oder Magentarosa. Sie duften gut und erscheinen bis in den Herbst hinein. Die Pflanze wächst aufrecht und zeigt gesundes, dunkelgrün glänzendes Laub.

Boerner, USA, 1949, öfterblühend, 3 x 1,8 m

City of York

Ich liebe diese Rose immer mehr, je öfter ich sie sehe. Die cremegelben Knospen öffnen sich zu becherförmigen, locker gefüllten Blüten, die dann cremeweiß aufhellen, wobei sie rund um den Kranz goldgelber Staubgefäße zitronengelbe Reflexe zeigen. Die Rose duftet leicht und bringt einen reichen ersten Flor hervor, dem im Spätsommer häufig ein zweiter folgt. Das Laub ist dunkel und glänzend, die biegsamen Triebe müssen aufgebunden werden.

Tantau, Deutschland, 1960, einmalblühend, 4,5 x 3 m

Dublin Bay

Dicht gefüllte, becherförmige Blüten von mittlerer Größe in tiefem, nicht ausbleichendem Blutrot. Sie erscheinen in kleinen Büscheln den ganzen Sommer über bis weit in den Herbst hinein. Das Laub ist gesund, tiefgrün und stark glänzend. Der aufrechte Wuchs lässt sie auch als Strauchrose geeignet erscheinen. Ansonsten zieht man sie am besten an einer Säule.

McGredy, Großbritannien, 1976, öfterblühend, 2,1 x 1,5 m

Eden Rose '88

Eine niedriger wachsende Kletterrose im Stile alter Rosen. Die großen Blüten sind dicht gefüllt und kugelförmig, sodass sie fast immer nach unten zeigen. Voll geöffnet sind die Blüten von cremigem Weiß mit einem rosafarbenen Rand. Sie stehen in Büscheln vor dem dunklen Laub.

Meilland, Frankreich, 1987, öfterblühend, 2,5 x 1,8 m

Golden Showers

Dies ist eine sehr bekannte Kletterrose von mittlerer Größe. Ihre großen Blüten sind locker gefüllt und zeigen sich geöffnet ein wenig unordentlich. Die Blüten erscheinen anfangs goldgelb, verblassen aber dann zu weichem Cremegelb, das einen schönen Kontrast zu den dunklen Staubgefäßen bildet, ebenso wie das dunkle, glänzende Laub zu den hellen Blüten. Die Rose wächst aufrecht und buschig und blüht bis in den Herbst hinein.

Lammerts, USA, 1956, öfterblühend, 3 x 1,8 m

„Parkdirektor Riggers" hat rot leuchtende Blüten.

Leverkusen

Eine wunderbar gesunde, gelbe Kletterrose. Die zitronengelben Blüten sind locker gefüllt und von schöner Rosettenform. Die Blütenblätter zeigen sich leicht verknittert und duften süß. Die Blüten erscheinen den ganzen Sommer über vor dem dunkelgrünen, ledrigen Blattwerk. Die Triebe sind biegsam und lassen sich gut erziehen. Diese Kletterrose wächst nahezu an jedem Ort und gedeiht auch in nährstoffarmer Erde.
Kordes, Deutschland, öfterblühend, 3 x 2,5 m

Schwanensee (Swan Lake)

Die Blüten dieser Kletterrose sind am schönsten, wenn die Blütenblätter sich gerade öffnen. Das rosig überhauchte Weiß zeigt rosafarbene Reflexe und bleicht später zu nahezu reinem Weiß aus. Die Blüten erscheinen reichlich in kleinen Büscheln vor dem dunklen Laub. Der Wuchs ist aufrecht und ordentlich. Eine ausgezeichnete Säulenrose.
McGredy, Großbritannien, 1968, öfterblühend, 2,5 x 1,8 m

Noisette-Rosen (Rosa indica noisettiana)

Die Noisette-Rosen gehören meiner Meinung nach zu den schönsten Kletterrosen der Welt. Es handelt sich dabei um äußerst edle Rosen in sanften Farbtönen, vor allem in Rosa, Weiß und Cremegelb. Einfach natürliche Rosen ohne knallige Farbtöne. Einige von ihnen, doch keineswegs alle, sind sehr starkwüchsig. Ein oder zwei der Noisette-Rosen erweisen sich als recht winterhart, die meisten aber brauchen im Winter einen geschützten Standort – möglichst im Wintergarten oder im Gewächshaus. Sie sind leicht im Garten zu ziehen, neigen aber gegen Ende der Saison manchmal zu Mehltau. Ansonsten aber sind sie recht gesund.

Alister Stella Gray

Die kleinen, rosettenförmigen Blüten zeigen zartes Gelb, das sich zur Mitte hin vertieft. Sie erscheinen in Büscheln und öffnen sich zu dicht gefüllten, flachen Schalen, die einen guten Duft verströmen. Die Blätter sind tiefgrün, die Triebe biegsam und beinahe stachellos. Der erste Flor ist umwerfend, doch die Rose bringt auch später noch Blüten hervor.
A. H. Gray, Großbritannien, 1894, remontierend, 4,5 x 3 m

Blush Noisette

Eine ausgezeichnete kleine Rose von angenehmen Proportionen, die bei entsprechender Unterstützung auch als Strauchrose gezogen werden kann. Sie ist nicht besonders starkwüchsig. Wer sie als Kletterrose zieht, braucht ein wenig Geduld. Die tiefrosafarbenen Knospen öffnen sich zu kleinen Blüten in großen Büscheln. Sie sind zartrosa mit fliederfarbenen Reflexen, bleichen dann aber zu Cremeweiß aus. Das dunkelgrüne Blattwerk steht an nahezu stachellosen Trieben.
Noisette, USA, 1825, öfterblühend, 2,1 x 1,2 m

Céline Forestier

Die Blüten dieser Sorte sind größer als die von „Alister Stella Gray". Sie sind dichter gefüllt und

„Céline Forestier" ist eine wunderschöne, duftende Kletterrose.

zeigen ein intensiveres Gelb mit einem leichten rosafarbenen Hauch. Sie öffnen sich flach, wobei die Blütenblätter im Zentrum sich stark einrollen. Eine sehr blühwillige Sorte, die bis in den Herbst hinein Blüten trägt. Die Blätter sind von hellem Grün, die Triebe lassen sich gut erziehen. Eine kleine Kletterrose, die auch gut in den Kübel passt.
Trouillard, Frankreich, 1842, öfterblühend, 2,5 x 1,2 m

Desprez à Fleurs Jaunes

Die Blüten dieser Sorte sind kleiner als bei den meisten Rosen ihrer Gruppe. Sie erscheinen in Büscheln und zeigen eine delikate Mischung aus weißlichem Bernsteingelb mit rosafarbenen Schattierungen. Dabei öffnet die Blüte sich locker und verströmt einen fruchtigen Duft. Diese starkwüchsige Noisetterose lässt sich gut erziehen. Sie verträgt Halbschatten und nährstoffarme Erde, weshalb sie auch gut gedeiht, wenn man sie in Bäume wachsen lässt.
Desprez, Frankreich, 1835, remontierend, 6 x 3 m

„Mme Alfred Carrière" kommt auch mit weniger guten Bedingungen zurecht.

Mme Alfred Carrière

Die Tatsache, dass diese Rose mehr als ein Jahrhundert nach ihrer Einführung immer noch sehr populär ist, weist schon auf all ihre Qualitäten hin. Sie wächst auch im Halbschatten an einer kalten Wand und gehört trotzdem zu den schönsten Rosen überhaupt. Ihre etwas unordentlichen, locker gefüllten Blüten sind cremeweiß mit einem rosafarbenen Hauch und verströmen einen ausgezeichneten Duft. Die Blätter sind tiefgrün, die Triebe zeigen sich biegsam und nahezu stachellos.

J. Schwartz, Frankreich, 1879, öfterblühend, 4,5 x 3 m

Kletternde Teerosen

Kletternde Teerosen brauchen einen geschützten Standort, der sie vor den schlimmsten Auswirkungen der Wintersaison bewahrt. Sie sind nicht besonders winterhart. Wenn Sie ihnen einen solchen Standort bieten können, werden sie Sie mit wunderschönen, köstlich duftenden Blüten belohnen. Diese Rosengruppe ist verhältnismäßig klein, da viele ihrer Exponenten über die Jahrzehnte verloren gingen. Ihre relative Empfindlichkeit mag hier eine bedeutende Rolle spielen.

Adam

Die schönen, stark duftenden Blüten dieser Rose sind groß und dicht gefüllt. Das Farbenspiel reicht von weißlichem Bernsteingelb über Apricot und zeigt rosafarbene Reflexe. Voll geöffnet präsentiert sich die Blüte innen geviertelt. Die großen Blätter sind dunkelgrün, der Wuchs lässt ein wenig zu wünschen übrig. Die Rose kann am richtigen Standort auch als Strauchrose gezogen werden und gedeiht prächtig im Kübel.

Adam, Großbritannien, 1833, remontierend, 2,1 x 1,5 m

Gloire de Dijon

Dies ist eine der beliebtesten Kletterrosen, was sicher auf ihr beeindruckendes Farbenspiel zurückgeht. Die geviertelten Blüten zeigen sich im Öffnen zart bernsteingelb, gelegentlich rosafarben überhaucht, und hellen dann zu Cremeweiß auf. Am Ansatz der Blütenblätter lachsfarbene Töne. „Gloire de Dijon" duftet sehr stark. Die Rose ist starkwüchsig mit einem bronzefarben überlaufenen Neuaustrieb. Die Blätter sind von glänzendem Dunkelgrün. „Gloire de Dijon" gehört zu den schönsten Rosen, ist allerdings sehr empfindlich gegen Regenschauer. Dann verkleben und verfaulen die Blüten. In diesem Fall sollten Sie die äußeren Blütenblätter vorsichtig öffnen, damit die inneren sich frei entfalten können.

Jacotot, Frankreich, 1853, remontierend, 3,8 x 2,5 m

Sombreuil

Dies ist eine meiner Favoritinnen. Die runden, cremefarbenen Knospen öffnen sich zu großen, rosettenförmigen Blüten, die sich als flache Schalen präsentieren. Die Farbe könnte man als Weiß mit zartem apricotfarbenen Hauch am Ansatz der Blütenblätter bezeichnen. Ihr Duft ist berauschend. Die Rose wächst kräftig und lässt

sich leicht erziehen. Die Blätter sind dunkelgrün und im Allgemeinen gesund. Meist bringt „Sombreuil" einen zweiten Flor hervor.
Robert, Frankreich, 1843, remontierend, 3 x 2,5 m

Climbing Souvenir de Mme Léonie Viennot
Eine wunderschöne Rose, die mein Vater in Großbritannien neu eingeführt hat. Er erhielt von der Mutter eines Freundes Vermehrungsmaterial aus Neuseeland – mit Folie umwickelt in einem Stiftmäppchen! Die Einzelblüten sind nicht allzu groß, zeigen sich jedoch von schöner Farbe: ein weiches Gelb mit lachsfarbenen Anklängen. Der Gesamteindruck ist deshalb sehr schön. Die kräftig wachsende Pflanze hat dunkelgrüne Blätter. Die Blüten duften gut.
Bernaix, Frankreich, 1897, remontierend, 3,8 x 2,5 m

Ramblerrosen

Arvensis-Hybriden
Die Zuchtformen der *Rosa arvensis*, der Feldrose, sind auch als „Ayrshire-Hybriden" bekannt. Von der Feldrose haben sie die Winterhärte und die Natürlichkeit im Erscheinungsbild geerbt. Sie sind vielseitig einsetzbar, da sie willig große Flächen verdecken, sich mit anderen Ramblern gut vertragen und enorme Höhen erreichen können. Im Allgemeinen sind sie eher stachlig, der Neuaustrieb zeigt sich fast immer purpurfarben überlaufen.

Venusta Pendula
Eine sehr alte Sorte, die zu Beginn des 20. Jahrhunderts neu eingeführt wurde. Die rosafarbenen Knospen öffnen sich zu gefüllten, weißen Blüten mit rosafarbenem Hauch. Leider duften diese nicht. Sie wächst ein wenig langtriebig, doch der Neuaustrieb zeigt eine wunderbare, dunkelrote Farbe, die – wie das dunkle Laub – die Blüten umso schöner hervortreten lässt. Eine recht wüchsige Sorte.
Kordes, Deutschland, 1928, einmalblühend, 5 x 3 m

***Rosa arvensis* ist eine in Europa heimische Rose. Im Volksmund heißt sie einfach „Feldrose".**

Janet B. Wood
Diese Sorte wurde von Mrs. McQueen aus Ayrshire, Schottland, entdeckt und von meinem Vater neu eingeführt. Die kleinen, weißen Blüten zeigen sich locker gefüllt und stehen in Büscheln auf der starkwüchsigen Pflanze. Sie heben sich gut vom dunklen Laub ab. Dies soll die ursprüngliche Ayrshire-Rose sein, die 1768 eingeführt worden war. Sie ist unempfindlich gegen nährstoffarme Erde und wächst auch im Halbschatten noch gut.
Ursprünglich eingeführt 1768, wieder eingeführt von Beales, Großbritannien, 1984, einmalblühend, 4,5 x 3 m

Dundee Rambler
Diese zauberhafte Rose stammt aus schottischer Zucht und wurde um 1850 eingeführt. Die gefüllten, nach innen gerollten Blüten sind weißrosafarben. Sie stehen in großen, nickenden Büscheln über dem dunkelgrünen Laub. Die sehr winterharte Pflanze ist stark bestachelt und zeigt sich wüchsig, sodass sie den einen oder

„Sombreuil" ist eine vielseitige, blühwillige und intensiv duftende Kletterrose.

„Dundee Rambler" ist eine sehr winterharte Rose.

anderen Schandfleck im Garten durchaus überwuchern kann. Ideal, um sie in abgestorbene Bäume wachsen zu lassen.
Martin, Schottland, um 1850, einmalblühend, 6 x 3 m

Kletternde Moschata-Hybriden

Zu dieser vergleichsweise kleinen Gruppe gehören einige wunderschöne Rosen. Die von mir hier vorgestellten Sorten sind alle eng mit *Rosa moschata* verwandt, doch es finden sich in dieser Gruppe auch Rosen, die nur entfernt mit der Art verwandt sind.

Paul's Himalayan Musk

Dies ist eine der bekanntesten kleinblütigen Ramblerrosen mit rosafarbenen Blüten. Und dies zu Recht. 1882 wurde sie von William Paul eingeführt, einem berühmten Züchter seiner Zeit, der viele Rosen geschaffen hat, die wir heute noch schätzen. Ihre kleinen, pomponförmigen Blüten in zartem Puderrosa stehen in großen Büscheln über den dunklen Blättern. Die Rose ist starkwüchsig und produziert Jahr für Jahr viele angelruten-ähnliche Triebe, an denen im Folgejahr die Blüten erscheinen.
Paul, Großbritannien, spätes 19. Jahrhundert, einmalblühend, 6 x 3,8 m

Narrow Water

Eine weniger wüchsige Rose, die sich auch für niedrigere Wände eignet. Ihre hübschen Blüten und die gute Nachblüte machen sie zu einer guten Allround-Kletterrose, die mitunter bis in den Herbst hinein blüht. Die Blüten sind halb gefüllt und von zartem Rosa. Sie erscheinen in Büscheln über dem dunklen Laub. „Narrow Water" kann auch als Strauchrose gezogen werden.
Daisy Hill Nurseries, Irland, um 1883, remontierend, 2,5 x 1,8 m

Princess of Nassau

Eine wenig bekannte Rose, die zu meinen Lieblingsrosen gehört. Die weißen, gut gefüllten Röschen sind meist weiß mit ockerfarbenem Anflug. Mit ihrem schönen Kranz orangefarbener Staubgefäße zeigt die Blüte sich höchst attraktiv. Die Sorte blüht einmal im Sommer, zeigt aber eine schöne Nachblüte im Herbst, was sie besonders wertvoll macht. Sie wurde von dem berühmten Rosenfachmann Graham Thomas neu entdeckt. Dieser schickte meinem Vater Vermehrungsmaterial, sodass die Rose 1982 neu eingeführt werden konnte, auch wenn sie sehr viel älter ist.
Unbekannten Ursprungs, vermutlich Anfang des 19. Jahrhunderts, remontierend, 3 x 2,5 m

The Garland

Diese Rose habe ich nicht nur aufgenommen, weil sie eine ausgezeichnete Sorte darstellt, sondern auch aus sentimentalen Gründen. Ich habe einen Großteil meiner Jugend in einem alten Bauernhaus verbracht, wo „The Garland" vor meinem Fenster wuchs. Immer wenn ich den Duft dieser Rose rieche, fühle ich mich in jenes Haus zurückversetzt. Die Blüten sind locker gefüllt und von rosa überhauchtem Weiß. Sie erscheinen in großer Fülle meist im Juli über dem tiefgrünen Laub. Leider ist sie auch stark bestachelt.
Wills, Großbritannien, 1835, einmalblühend, 4,5 x 3 m

„Bobbie James" erreicht Höhen von bis zu 10 m.

Multiflora-Hybriden

Die direkten Nachkommen von *Rosa multiflora* sind leicht zu erkennen, doch die Gruppe umfasst auch Rosen mit anderem Erbgut. Unter den Multiflora-Hybriden finden sich einige der bekanntesten Ramblerrosen. Viele von ihnen sind so wüchsig, dass sie ohne Probleme in hohe Bäume klettern. Gartenhäuschen und Pergolen überziehen sie ebenso mühelos mit ihren Blüten wie hohe Wände.

Bobbie James

Dieser schöne Rambler mit seinen leicht gefüllten, sanft becherförmigen Blüten in reinstem Weiß zeigt darüber hinaus noch sehr gesundes, tiefgrünes Laub. Die Rose wurde 1961 eingeführt und hat wegen ihrer guten Eigenschaften viele ihrer Artgenossinnen quasi deklassiert. Sie ist sehr wüchsig, stark bestachelt und findet ihren Weg sogar durch dichte Hecken. Außerdem gedeiht sie auch in nährstoffarmen Böden und an kühlen Wänden gut.

Sunningdale Nurseries, Großbritannien, 1961, 9 x 6 m

Francis E. Lester

Eine weitere schöne Multiflora-Hybride mit zarten, irgendwie „feminineren" Blüten als „Bobbie James". Die ungefüllten, schwach becherförmigen Blüten zeigen sich weiß mit rosafarbenem Rand. Sie duften gut. Im Herbst folgen der Blüte kleine, runde Hagebutten. Die Blätter sind dunkel, spitz und elegant. Daher ist „Francis E. Lester" auch eine sehr beliebte Gartenrose.

Lester Rose Gardens, USA, 1946, einmalblühend, 4,5 x 3 m

Ghislaine de Féligonde

Eine der wenigen Ramblerrosen, die öfter blühen. Die Rose zeigt einen beachtlichen zweiten Flor, bringt aber weiterhin bis in den Herbst einzelne Blüten hervor. Sie ist höchst attraktiv, da sie sich im Wuchs von den anderen Moschus-Hybriden unterscheidet. Allerdings zeigt sie sich weniger wüchsig und sorgt eher für dichte, als für hoch wachsende Begrünung. Die gut gefüllten Blüten öffnen sich in zartem Apricot und bleichen dann zu Cremeweiß aus. Häufig präsentieren sie sich rosa überhaucht.

Turbat, Frankreich, 1916, remontierend, 2,5 x 2,5 m

„Ghislaine de Féligonde" ist eine kleine Ramblerrose, die fast den ganzen Sommer über Blüten hervorbringt.

„Rambling Rector" wird häufig auch „Shakespeares Musk" genannt. Gut geeignet, um in Bäume zu klettern.

Rambling Rector
Diese Rose wird aufgrund ihres Alters häufig auch „Shakespeares Musk" genannt. Die kleinen, einfach gefüllten Blüten öffnen sich cremeweiß, verblassen dann aber zu reinem Weiß. Sie stehen in großen Dolden über dem tiefgrünen Laub und erfüllen den Garten mit ihrem Duft. Die Rose ist extrem wüchsig. Sie klettert mühelos auch in hohe Bäume. Es ist immer aufs Neue schön, die herabhängenden Blütenkaskaden zu beobachten. Später im Jahr werden die Blüten durch Büschel kleiner Hagebutten ersetzt.
Herkunft unbekannt, sehr alt, einmalblühend, 6 x 4,5 m

Veilchenblau
Es gibt nur wenige Rambler in den Farbtönen Lila und Purpur. „Veilchenblau" ist zweifellos die schönste Ramblerrose in dieser Farbe. Ihre einfach gefüllten Blüten zeigen ein kräftiges Violettpurpur mit weißem Auge, das mit der Zeit zu grautonigem Mauve verblasst. Die Rose wächst kräftig, ist gesund und sollte zusammen mit ihren pastellfarbenen Artgenossinnen gepflanzt werden.
Schmidt, Deutschland, 1909, einmalblühend, 6 x 4,5 m

● Sempervirens-Hybriden
In Viktorianischer Zeit nannte man diese Rosen die „Immergrünen". Und das stimmt, denn sie werfen ihr Laub selbst in strengen Wintern nicht ab. Sie wachsen dicht und sind im Allgemeinen recht gesund mit hübschen, pomponförmigen Blüten.

Adélaide d'Orléans
Leicht duftende Blüten in weichem Rosa erscheinen zur Sommermitte reichlich in Büscheln. Die gesunde Pflanze ist mit dichtem Laub bedeckt. Die Rose wird mit nährstoffarmen Böden ebenso fertig wie mit halbschattigen Standorten. Gut geeignet, um in Bäume zu klettern.
Jacques, Frankreich, 1826, einmalblühend, 4,5 x 3 m

Félicité et Perpétué
Die kleinen, eher plumpen Knospen öffnen sich zu dichten Pomponblüten in milchigem Weiß mit rosafarbenen Rändern. Leichter Duft. Die dunkel glänzenden Blätter wirft der Strauch erst bei Frost ab. Die Triebe sind wenig bestachelt. Eine gute, gesunde und schöne Ramblerrose, von der es auch einen niedrig wachsenden Sport gibt, der in Deutschland unter dem Namen „Little White Pet" im Handel ist. Dies ist eine exzellente Rose mit elegantem graugrünem Laub und dicht gefüllten Röschen, die bis in den Herbst immer wieder erscheinen.
Jacques, Frankreich, 1827, sommerblühend, 4,5 x 3 m

Spectabilis
Cremeweiße, lila überhauchte Blüten zeigen sich in großen Büscheln an der anspruchslosen Pflanze mit ihrem dunklen, beinahe immergrünen Laub. Diese alte und verlässliche Sorte wird auch mit den schlechtesten Klima- und Wachstumsbedingungen fertig. Sie ist eine gute Allround-Rose, die nach dem ersten Flor gelegentlich noch weitere Blüten hervorbringt.
Herkunft unbekannt, um 1850, einmalblühend, 3 x 1,8 m

„Kiftsgate" wächst unglaublich schnell.

Andere Ramblerrosen

Die hier aufgeführten Rosen gehören zu keiner der größeren Gruppen, die ich Ihnen in diesem Buch vorgestellt habe. Sie stammen von Wildrosen ab und zählen zu den bedeutendsten Ramblerrosen überhaupt. Welcher Rosenart man sie zuordnet, steht nach dem Namen in Klammern.

Kiftsgate (Rosa filipes)

Die starkwüchsige Rose mit den ungefüllten, stark duftenden Blüten gehört zu den schönsten weißen Ramblern. Die Blüten erscheinen in großen Rispen und werden im Herbst von zahlreichen kleinen Hagebutten ersetzt. Die Rose zeigt tiefgrünes Laub und kupferfarbenen Austrieb. Sie gedeiht auch im Halbschatten und in nährstoffarmen Böden.
Murrell, Großbritannien, 1954, einmalblühend, 9 x 6 m

Mermaid (Rosa bracteata)

Die ausgesprochen großen, ungefüllten Blüten sind von zartem Hellgelb und zeigen gut entwickelte Staubgefäße in der Mitte. Sie duften ausgezeichnet und stehen über dem nahezu immergrünen Laub von tiefglänzender Farbe. Die Rose wächst langtriebig und ist stark bestachelt. Frost schätzt sie überhaupt nicht. In kalten Wintern sterben die Triebe häufig ab.
W. Paul, Großbritannien, 1917, öfterblühend, 9 x 6 m

Sir Cedric Morris (Rosa glauca)

Dies ist einer der Rosa-glauca-Sämlinge, die im Garten des verstorbenen Sir Frederick Ashton gefunden wurden. In voller Blüte bietet die Rose einen umwerfenden Anblick. Die kleinen, ungefüllten Blüten stehen in großen Rispen über dem eleganten, graugrünen Laub, das einen wunderbaren Hintergrund für die Blüten abgibt. Später im Jahr folgen zahlreiche orangerote Hagebutten. Die gesunde Rose ist starkwüchsig und eignet sich gut, um in die Zweige hoher Bäume zu klettern. Mit der üblichen Trockenheit im Wurzelbereich derselben wird sie spielend fertig.
Beales, Großbritannien, 1979, einmalblühend, 9 x 6 m

Kletternde Wildrosen

Die meisten Wildrosen haben vor allem als Vorläufer der einen oder anderen Rosenart Bedeutung erlangt. Angesichts dieser Tatsache vergisst man immer wieder, dass sie auch für sich schöne, gartenwürdige Exemplare darstellen und diverse Vorzüge besitzen. Nur sie lassen sich sortenrein aus Samen ziehen, obwohl es auch hier die eine oder andere Mutation gibt. Wir sollten den Wildrosen daher mehr Respekt entgegenbringen. Heute erfahren sie wieder mehr Aufmerksamkeit, nachdem man sie jahrelang für zu langweilig hielt. Doch die meisten sind in ihrer natürlichen Anmut wunderschön und haben zudem den Vorteil, dass sie viel weniger krankheitsanfällig sind als die Zuchtformen.

Rosa arvensis

Die Feldrose ist in Europa heimisch. Tatsächlich ist sie die einzige europäische Ramblerrose. In der freien Natur findet man sie häufig in wilden Hecken, vor allem in Südengland. Sie hat wunderschöne, ungefüllte Blüten in Weiß, welche einen Kranz leuchtend gelber Staubgefäße umschließen. Die Blüten heben sich schön vom dunkelgrünen Laub ab. Ihre Triebe sind biegsam. Wenn Sie genügend Platz haben, eignet sie sich sehr gut als Gartenrose und dankt Ihnen Ihre Fürsorge mit schönem Hagebuttenschmuck im Herbst.

Rosa helenae

In meinen Augen ist dies eine der besten wilden Ramblerrosen. E. H. Wilson fand sie wild wachsend in China und benannte sie nach seiner Gattin Helene. Eine starkwüchsige Rose, die große Dolden weißer, ungefüllter Blüten hervorbringt, die darüber hinaus stark duften. Die Hagebutten sind eiförmig und zeigen sich im Herbst sehr zahlreich.
Wilson, China, 1907, einmalblühend, 6 x 4,5 m

Rosa moschata

Dies ist eine sehr alte Rose, deren Ursprungsland wir nicht kennen. Die meisten Fachleute tippen auf Indien oder Südchina. *Rosa moschata*

„Sir Cedric Morris" hat große, graugrüne Blätter und zeigt sich ausgesprochen wüchsig.

hat viele Zuchtformen hervorgebracht. Die Wildform erreicht keine so beeindruckenden Dimensionen wie *R. helenae*. Anders als die meisten Wildrosen blüht sie erst gegen Mitte bzw. Ende des Sommers. Die Blüten zeigen sich cremeweiß, ungefüllt und flach. Sie erscheinen in großen Büscheln. Da sie so spät blüht, setzt die Rose nicht immer Hagebutten an.
16. Jahrhundert, einmalblühend, 2,5 x 1,8 m

Rosa mulliganii
Diese Rose nehme ich hier auf, weil sie eine absolut gartenwürdige Wildform darstellt. Die kleinen, ungefüllten Blüten in Weiß erscheinen in großen Doldenrispen am Strauch und verströmen einen wunderbar süßen Bananenduft. Die Blätter sind graugrün, im Neuaustrieb rot überhaucht. Eine recht starkwüchsige Rose, die man häufig fehlerhaft als *Rosa longicuspis* bezeichnet.

Rosa multiflora

Bis vor kurzem wurde diese Wildrose häufig als Unterlage zur Veredlung verwendet, weil sie starkwüchsig und recht winterhart ist. Wie *Rosa moschata* hat sie viele bekannte Hybridformen hervorgebracht. Wenn sie etabliert ist, trägt sie zahllose kleine, cremefarbene Blüten, gefolgt von orangeroten, ovalen Hagebutten. Diese Rose gedeiht auch unter weniger günstigen Bedingungen noch gut.

Asien, 12. Jahrhundert, einmalblühend, 4,5 x 3 m

Rosa wichuraiana

Sie wurde 1860 von dem deutschen Pflanzensammler Max Ernst Wichura in China entdeckt. Ihr Erbgut hat sie an zahllose Nachfolgerinnen weitergegeben. Die weißen Blüten erscheinen in Büscheln, im Herbst gefolgt von orangeroten Hagebutten. Typisch für Wichuraiana-Rosen ist das große, dunkelgrün glänzende Laub. Ich ordne sie hier den Wildrosen-Ramblern zu, obwohl man sie vom Verwendungszweck her auch zu den Bodendecker- bzw. Kletterrosen rechnen könnte. So manche ihrer direkten Nachkommen finden sich in diesen beiden Kategorien. Doch *R. wichuraiana* ist auch für sich genommen eine gute, nützliche Ramblerrose.

Wilson, 1860, einmalblühend, 1,8 x 6 m

Rosa arvensis **ist besonders winterhart.**

● Wichuraiana-Hybriden

Die Wildform *R. wichuraiana* ist eine Ramblerrose. Ihre Hybriden allerdings lassen sich in zwei Gruppen einteilen: Die einen zeigen eher die Merkmale der Rambler-, die anderen die der Kletterrosen. Das geht in erster Linie auf die Kreuzungen zurück, aus denen sie hervorgingen. Einige der Wichuraiana-Hybriden zeigen lange, biegsame Triebe und bringen nur einen Flor pro Jahr hervor, andere remontieren bereitwillig, lassen sich aber weniger gut erziehen. Wie auch immer, die meisten Rosen dieser Gruppe zeigen sich gesund und wenig krankheitsanfällig.

Albéric Barbier

Diese Rose gehört zu den gesündesten und blühwilligsten Ramblern, deren Laub zudem noch nahezu immergrün bleibt. Sie zeigt das dunkle, glänzende Laub der Wichuraiana-Hybriden, das einen idealen Hintergrund für die dicht gefüllten, weißen Blüten mit dem zitronigen Schimmer bietet. Die Rose lässt sich leicht erziehen. Sie blüht einmal im Sommer, doch etablierte Exemplare treiben auch danach noch einzelne Blüten.

Barbier, Frankreich, 1900, einmalblühend, 4,5 x 3 m

Albertine

„Albertine" gehört zu den beliebtesten Rosen, doch trotz ihres unbestreitbaren Charmes ist sie enorm anfällig für alle Krankheiten, vor allem für Mehltau. Der Rosenrost lässt sich mit Spritzen im Zaum halten, wenn man früh genug damit beginnt. „Albertine" hat zauberhafte, ein wenig unordentliche Blüten in Lachsrosa, die allmählich

zu weißlich getöntem Bernsteingelb ausbleichen. Sie duftet intensiv und zeigt einen wunderschönen Kupferton im Neuaustrieb. Die Rose ist recht wüchsig.
Barbier, Frankreich, 1921, einmalblühend, 4,5 x 3 m

Dorothy Perkins
Eine weitere altbekannte Sorte, die noch heute in vielen Gärten blüht. Die kleinen Blüten zeigen sich von reinem Rosa, duften und erscheinen in großen Büscheln an den bogig überhängenden Trieben. Das Blattwerk ist klein und glänzend, neigt jedoch nach der Blüte zu Mehltau. Es gibt einige recht ähnliche Sorten wie die karminrote „Excelsa" und die dunklere „Minnehaha", die gern zu Trauerrosen gezogen werden.
Jackson and Perkins, USA, 1902, einmalblühend, 3 x 2,5 m

Ethel
Dies ist eine sehr vielseitige Rose. Sie bedeckt schnell hohe Wände und wächst recht dicht. Die Blüten sind klein und becherförmig, erscheinen aber in großen Büscheln über dem glänzenden Laub. Die Rose zeigt sich eher stachlig. Sie ist ein Sämling von „Dorothy Perkins", ist aber weniger krankheitsanfällig als diese. In einigen Rosenschulen ist eine Varietät von „Ethel" unter dem Namen „Belvedere" im Handel. Möglicherweise handelt es sich dabei um dieselbe Rose.
Turner, Großbritannien, 1912, einmalblühend, 6 x 4,5 m

Evangeline
Locker gefüllte Blüten in cremigem Weiß, an den Rändern rosafarben überhaucht, stehen in großen Rispen über dem ledrigen Laub. Die Rose blüht vergleichsweise spät, zeigt sich jedoch wüchsig und gesund.
Walsh, USA, 1906, einmalblühend, 6 x 4,5 m

Gardenia
Dies ist eine meiner absoluten Lieblingsrosen. Die Blüten sind für sich genommen weder besonders groß noch beeindruckend, doch wenn der Strauch in voller Blüte steht, bedecken sie das dunkel glänzende Laub fast vollständig und erfüllen die Luft mit ihrem frischfruchtigen Duft. Die Farbe könnte man als Cremeweiß mit bernsteinfarbenem Hauch bezeichnen, das mit der Zeit zu reinem Weiß verblasst. Die Blüte zeigt sich ein wenig unordentlich mit vielen kleinen Petalen.
Manda, USA, 1899, einmalblühend, 6 x 4,5 m

New Dawn
Die bewährte Sorte findet sich in fast jeder Rosenschule. Sie vereinigt viele gute Qualitäten in sich: Es gibt Rosen, die reicher blühen, die gesünder sind und stärker duften, doch es gibt kaum eine, die all das zusammen kann. „New Dawn" ist ein Sport von „Dr. Van Fleet" und wurde 1930 in den USA eingeführt. Sie ähnelt ihrer Elternsorte stark, anders als diese remontiert sie aber willig. Die eher plumpen Knospen öffnen sich zu zartrosafarbenen, leicht gefüllten Blüten, die edelrosengleich gebaut sind und intensiv duften. Bevor sie verblühen, öffnen sie sich weit. Das Laub ist dunkel und glänzend, die Triebe zeigen sich durchschnittlich bestachelt. Die Rose wächst nicht allzu stark, aber kräftig genug, um die meisten Anforderungen an eine Kletterrose zu erfüllen. Diese in jeder Hinsicht ausgezeichnete Rose ist ein guter Allrounder, sticht jedoch bei den einzelnen Merkmalen kaum hervor. Wenn Sie nur einen kleinen Garten besitzen und eine einzige Kletterrose haben möchten, die all Ihre Wünsche erfüllt, sollten Sie zu „New Dawn" greifen.
Somerset Rose Company, USA, 1930, öfterblühend, 3 x 2,5 m

Sanders White
Dunkles, glänzendes Laub und biegsame, weiche Triebe sind nur zwei Vorteile dieser ausgezeichneten Rose. Die kleinen Blüten sind weiß und locker gefüllt. Sie erscheinen in nickenden Büscheln, hin und wieder auch als Einzelblüten. Die gesunde Sorte von mittlerem Wuchs lässt sich vor einer Wand oder als Säulenrose ziehen.
Sanders and Sons, Großbritannien, 1912, einmalblühend, 3,8 x 2,5 m

Die leuchtenden, fruchtig duftenden Blüten von „Gardenia“ heben sich hell vor dem dunklen Laub ab.

Weitere Informationen

Welche Rose für welchen Zweck?

Wenn Sie eine Rose für Ihren Garten kaufen, sollten Sie sich Gedanken machen, was Sie an einer Rose besonders schätzen und welchen Anforderungen sie im Hinblick auf Standort und Wuchsfreudigkeit genügen muss. In der Folge finden Sie einige Tipps, doch kann diese Auflistung schon aus Platzgründen nicht vollständig sein. Die hier empfohlenen Rosen wurden alle im Pflanzenverzeichnis ausführlich beschrieben.

Rosen für Halbschatten

Keine Rose wächst im tiefen Schatten. Ein wenig Licht braucht jede dieser Schönheiten. Halbschatten oder lichter Schatten stellen jedoch für viele Rosen kein Problem dar. Wenn es ein leicht beschattetes Plätzchen in Ihrem Garten gibt, an dem eine Rose gut aussehen würde, sollten Sie zu folgenden Sorten greifen:

Strauch- und Beetrosen

Alba Semiplena
Buff Beauty
Mme Isaac Pereire
Regensberg
Westerland

Kletter- und Ramblerrosen

City of York
Félicité et Perpétué
Gardenia
Golden Showers
Souvenir du Docteur Jamain

Kletter- und Ramblerrosen für Nordwände

Außer in sehr strengen Wintern, in denen die Triebe absterben können, kommen diese Rosen an einer Nordwand sehr gut zurecht:

Blush Noisette
Climbing Schneewittchen
Ghislaine de Féligonde
Mme Alfred Carrière
New Dawn

Rosen für nährstoffarme Böden

Nährstoffmangel im Boden ist für Rosen nicht gerade ideal, einige Sorten aber werden auch damit fertig. Trotzdem sollten Sie versuchen, mit Bodenverbesserungsmaßnahmen das Substrat aufzuwerten, bevor Sie pflanzen.

Strauch- und Beetrosen

Belle Poitevine
Celeste
Comte de Chambord
Fantin Latour
Margaret Merril

Kletter- und Ramblerrosen

Albéric Barbier
Leverkusen
Mme Caroline Testout
Paul's Himalayan Musk
Veilchenblau

Rosen mit besonderem Hagebuttenschmuck

Man sollte viel mehr auf die sonstigen ornamentalen Vorzüge von Rosen achten und nicht nur auf die Blüten. Die folgenden Arten und Sorten setzen schöne Hagebutten an oder zeigen im Herbst eine interessante Laubfärbung. Moderne Strauchrosen setzen zwar Hagebutten an, doch da Sie regelmäßig die abgeblühten Blütenstände entfernen sollten, um den neuen Flor zu stärken, kommt diese Eigenschaft kaum zum Tragen. Aus diesem Grund sind sie nicht gerade die besten Kandidaten für den mitunter überwältigenden Herbstschmuck der Rosen.

Strauchrosen

Lord Penzance
Mary Queen of Scots
Rosa glauca
Rosa virginiana
Scabrosa

Kletter- und Ramblerrosen
Kiftsgate
Mme Grégoire Staechelin
Rambling Rector
Rosa helenae
Rosa mulliganii

Rosen für Hecken

Da ein Großteil der unten aufgeführten Rosen zu den Rugosa-Rosen gehört, soll hier noch einmal unterstrichen werden, dass alle Rugosa-Rosen gute Heckenrosen abgeben. Die unten aufgeführten wachsen besonders dicht, was sie auch für formale Hecken geeignet macht.

Blanc Double de Coubert
Felicia
Great Maiden's Blush
Queen Elizabeth
Roseraie de l'Hay

Säulenrosen mit mittlerem bis niedrigem Wachstum

Nicht alle Kletterrosen eignen sich als Säulenrosen. Hier sind niedrig wachsende Sorten mit aufrechtem Wuchs gefragt.

Aloha
Dublin Bay
Eden Rose '88
Golden Showers

Starkwüchsige Ramblerrosen, die in Bäume klettern

Wenn Sie hohe Wände zu beranken haben oder eine Rose in einen hochwüchsigen Baum wachsen lassen wollen, brauchen Sie besonders starkwüchsige Arten bzw. Sorten.

Ethel
Kiftsgate
Rosa mulliganii
Rambling Rector
Sir Cedric Morris

Rosen mit langer Blütezeit

Einmalblühende Rosen bieten im Frühsommer einen umwerfenden Anblick, doch in kleineren Gärten sind Rosen, die bis in den Herbst hinein blühen, sinnvoller.

Strauch- und Beetrosen
Bonica '82
Felicia
Jacqueline du Pré
Macmillan Nurse
Norwich Castle

Kletter- und Ramblerrosen
Aloha
Dublin Bay
Gloire de Dijon
Mme Alfred Carrière
New Dawn

Duftrosen

Für einige Menschen ist eine Rose nur dann gartenwürdig, wenn sie auch duftet. Nicht allen Rosen ist ein guter Duft eigen. Die folgenden gehören meiner Ansicht nach dazu, aber dies ist natürlich ein heikles Thema, da Düfte nicht von allen Menschen gleich wahrgenommen werden. Wo der eine ein intensives Aroma verspürt, riecht der andere überhaupt nichts.

Strauch- und Beetrosen
Anna Pawlowa
Comte de Chambord
Ferdinand Pichard
Mme Isaac Pereire
Trigintipetala

Kletter- und Ramblerrosen
Aloha
Blairii No. 2
Gardenia
Gloire de Dijon
Sombreuil

Rosen für den kleinen Garten

Nicht jeder hat genug Platz für eine ausladende Strauchrose oder riesige Rambler. Die unten aufgeführten Rosen sind kompakt im Wuchs und schießen selten übers Ziel hinaus. Kletter- und Ramblerrosen lassen sich gut im Zaum halten. Aus diesem Grund sind all diese Rosen auch gut für Kübel und Töpfe geeignet.

Strauch- und Beetrosen

Alfred de Dalmas
Comte de Chambord
Rose de Meaux
Sweet Dream
Twenty-fifth

Kletter- und Ramblerrosen

Aloha
Blush Noisette
Ghislaine de Féligonde
Narrow Water
Zéphirine Drouhin

Für Naturgärten und Parklandschaften

Zu diesem Zweck wählt man am besten Rosen, die nicht nur gut in ihr neues Umfeld passen, sondern auch nicht so intensiv gepflegt werden müssen. Die unten genannten Rambler wachsen willig in Bäume oder bedecken große Bodenflächen, wenn man sie nicht aufbindet.

Strauchrosen

Immensee
Rosa canina
Rosa glauca
Rosa muscosa
Rosa virginiana

Kletter- und Ramblerrosen

Kiftsgate
Rambling Rector
Rosa arvensis
Rosa helenae
Rosa wichuraiana

Nützliche Adressen

Rosenvereine (mit informativen Mitgliederzeitungen)

Verein Deutscher Rosenfreunde e. V. (VDR)
Waldseestr. 14
76530 Baden-Baden
www.rosenfreunde.de

Gesellschaft Schweizerischer Rosenfreunde
c/o Rita Liechti
Bahnhofstr. 11
CH-8640 Rapperswil
www.rosenfreunde.ch

Österreichische Gartenbaugesellschaft (ÖGG)
Rosenfreunde
Parkring 12
A-1010 Wien
www.garten.or.at

Rosarien und Rosengärten

Deutsches Rosarium VDR, Dortmund, Westfalenpark; www.rosarium.dortmund.de

Park Wilhelmshöhe, Kassel; www.wilhelmshöhe.de

Rosarium Sangerhausen, Sangerhausen (größte Rosensammlung der Welt); www.rosarium.de

Schau- und Sichtungsgarten der Rosen-Union, Bad Nauheim, www.rosen-union.de

Rosarium im Donaupark, Wien; siehe: www.wien-vienna.at/donaupark.htm

Österreichisches Rosarium im Doblhoffpark, Baden bei Wien, siehe: www.baden-bei-wien.at

Parc de la Grange, Genf; Informationen im Genfer Fremdenverkehrsamt, siehe: www.ville-ge.ch

Glossar

Absenken
Vermehrungsmethode, bei der ein langer Trieb in die Erde abgesenkt wird, sodass er Wurzeln ausbildet.

ADR
Anerkannte Deutsche Rose; vom Bund der Baumschulen nach einem Test vergebenes Prädikat für besonders widerstandsfähige Rosen.

Alkalischer Boden
Das Erdreich weist einen pH-Wert von mehr als 7 auf.

Auge
Triebknospe; kleine Erhebung auf dem Trieb, aus der später ein weiterer Trieb sprießt.

Befruchtung
Die Verschmelzung des männlichen Pollens mit den weiblichen Eizellen.

Büschel
Mehrere Rosenblüten erscheinen am Ende eines Triebes.

Chlorose
Mineralstoffmangel, der zur Gelbfärbung des Blattwerks führt.

Einmalblühend
Solche Pflanzen zeigen einen sehr reichen Flor im Sommer.

Einschlagen
Schutz wurzelnackter Rosen vor der Pflanzung durch Vergraben in lockerer Erde.

Erziehen
Lenken der Triebe in eine bestimmte Richtung; vor allem bei Kletter- und Ramblerrosen wichtig.

Faserwurzeln
Winzige Wurzeln, welche die Nährstoffversorgung sicherstellen.

Hagebutte
Samen tragende Frucht des Rosenstrauches.

Hybride
Eine Sorte, die aus der Kreuzung zweier anderer Rosen gewonnen wurde.

Hybridisierung
Züchten neuer Rosensorten.

Kambium
Zellbildungsgewebe unmittelbar unterhalb der Rinde.

Keimung
Prozess, bei dem aus einem befruchteten Samen eine Jungpflanze entsteht.

Kelchblätter
Grüne Blätter, welche sich um die Blütenblätter schließen. Siehe auch: Sepalen.

Kletterrosen
Kletternde Rosen, die als Spreizklimmer steife Triebe haben, die am Klettergerüst festgebunden werden müssen.

Knospe
Ungeöffnete Blüte.

Moos
Moosartige Drüsen an manchen Rosen, die bei Berührung einen balsamischen Duft absondern.

Mulch
Material, mit dem man die offene Erde bedeckt, meist organischer Natur wie Rindenmulch.

Öfterblühend
Blüten erscheinen ununterbrochen während der Saison.

Okulieren
Verpflanzung von Vermehrungsmaterial in die Triebe einer anderen Rose.

Pfahlwurzel
Stark ausgeprägte Hauptwurzel.

Pfropfen
Vermehrungsmethode, bei der ein Pfropfreis auf den Wurzelstock einer anderen Rose verpflanzt wird.

Ramblerrosen
Kletternde Rosen mit langen, biegsamen Trieben, die selbstständig in Bäume wachsen bzw. den Boden bedecken.

Remontierend
Der ersten Blüte folgt eine zweite oder sogar eine dritte. Die Blüte erfolgt also in einzelnen Schüben.

Rückschnitt
Man schneidet Pflanzen zurück, um ihr Wachstum zu fördern oder in eine bestimmte Richtung zu lenken.

Sämling
Eine aus Samen gezogene Jungpflanze.

Saurer Boden
Das Erdreich weist einen pH-Wert von weniger als 7 auf.

Sepalen
Grüne Blätter, welche sich um die Blütenblätter schließen. Siehe auch: Kelchblätter.

Sporen
Überträger von Pilzkrankheiten.

Sport
Spontane Mutation einer Rose.

Staubbeutel
Teil der Staubgefäße, der den Pollen trägt.

Staubgefäße
Gesamtheit der Pollen tragenden Organe einer Pflanze.

Teilen
Vermehrung einer Pflanze durch Teilen des Wurzelstockes.

Trenngewebe
Gewebe an der Basis eines Blatt- oder Fruchtstiels, das die Abszission, das Abwerfen der Blüten, Früchte oder Blätter, ermöglicht.

Überhängend
Die Rose wächst breiter als hoch.

Unterlage
Wurzelstock, auf den beim Pfropfen oder Okulieren veredelt wird.

Veredelungsmaterial
Teil einer Rose, der beim Okulieren in den Trieb der anderen Rose eingesetzt wird.

Veredelungsstelle
Jene Stelle, an der die veredelte Rose aus dem Wurzelstock der Unterlage sprießt.

Wildtriebe
Triebe aus der Unterlage einer veredelten Rose.

Wurzelnackt
ist eine Rose, wenn sie nicht im Topf verkauft wird.

Eine „Lili Marleen"

Register

Kursiv gesetzte Seitenzahlen beziehen sich auf Abbildungen.

Bildnachweis:
Fotos Octopus Publishing Group Ltd außer
Peter Beales: 13, 87
Garden Picture Library: 44
Howard Rice: 10–11, 14–15